# 最高人民法院
# 民事审判第一庭裁判观点

## 物权卷

最高人民法院民事审判第一庭 编

人民法院出版社

图书在版编目（CIP）数据

最高人民法院民事审判第一庭裁判观点. 物权卷 / 最高人民法院民事审判第一庭编. -- 北京 : 人民法院出版社, 2023.6
ISBN 978-7-5109-3806-1

Ⅰ. ①最… Ⅱ. ①最… Ⅲ. ①物权－民事纠纷－审判－案例－中国 Ⅳ. ①D923.25

中国国家版本馆CIP数据核字(2023)第095264号

**最高人民法院民事审判第一庭裁判观点·物权卷**

最高人民法院民事审判第一庭　编

责任编辑　陈　思
封面设计　尹苗苗
出版发行　人民法院出版社
地　　址　北京市东城区东交民巷 27 号（100745）
电　　话　（010）67550596（责任编辑）　67550558（发行部查询）
　　　　　65223677（读者服务部）
客服 QQ　2092078039
网　　址　http://www.courtbook.com.cn
E - mail　courtpress@sohu.com
印　　刷　天津嘉恒印务有限公司
经　　销　新华书店

开　　本　787 毫米×1092 毫米　1/16
字　　数　232 千字
印　　张　13.75
版　　次　2023 年 6 月第 1 版　2023 年 6 月第 1 次印刷
书　　号　ISBN 978 - 7 - 5109 - 3806 - 1
定　　价　50.00 元

# 编写说明

在全面推进依法治国、建设中国特色社会主义法治国家的伟大进程中，最高人民法院坚持以习近平新时代中国特色社会主义思想为指导，坚决贯彻落实党的二十大精神和习近平法治思想，坚持党对司法工作的绝对领导，树立现代化的审判理念，促进审判体系和审判能力现代化，以司法审判工作现代化服务保障中国式现代化，充分发挥监督指导全国审判工作、确保法律正确统一适用的职能作用，紧紧围绕“公正与效率”这个主题，履行为大局服务，为人民司法，促进厚植党执政的政治根基的职责使命，把能动司法贯穿新时代新发展阶段审判工作始终，努力让人民群众在每一个司法案件中感受到公平正义，以高质量司法服务高质量发展。

公平正义是司法的灵魂和生命。司法的公平正义，具体体现在每一个司法裁判之中。司法案例中的裁判观点凝结着法官的司法智慧与辛勤劳动，承载着丰富的裁判规则和审判经验，蕴含着重要的法治和司法文化价值。最高人民法院民事审判第一庭权威案例所确定的裁判观点是法官智慧的集中体现，体现了先进的司法理念、公平的裁判尺度、科学的裁判方法，对人民法院审理类似案件作出裁判提供参考和指引，对于统一裁判思路和法律适用标准，促进类案同判和法律正确适用，提高审判质效和司法公信力、维护司法公正和社会和谐稳定具有重要意义。

最高人民法院民事审判第一庭裁判观点系列丛书收录了自 2010 年以来最高人民法院民事审判第一庭审判的各类权威案例的裁判观点。本丛书分为婚姻家庭、物权、侵权责任、民事合同、民事诉讼五卷。每个案例下包括【案例原文】【新旧法律依据对照】【法律适用指引】【类案裁判观点】四个栏目。通过对案例原文的全面呈现、新旧法条的列举对照、法律条文的适用指引、裁判观点的权威阐释，总结审判经验，体现了最高人民法院对各类型民事案件的法律适用和裁判标准。此外，为了真实地还原案例原貌，在【案例原文】中保留了案例裁判时所适用的裁判依据和法条内容，并在【新旧法律依据对照】中，对案例中所引用的重要法律条文做了新旧法条对照指引，方便读者更好地适用新法。

本丛书具有以下几个特点：一、全面系统。本丛书梳理了最高人民法院民事审判第一庭自 2010 年以来审判的婚姻家庭、物权、侵权责任、民事合同、民事诉讼五大类权威案例，并提炼、归纳了案例相关的法律适用疑难问题和裁判观点。二、权威准确。体现本丛书裁判观点的所有案例均来源于最高人民法院官方网站和《最高人民法院公报》《民事审判指导与参考》等官方权威出处，精选其中对审判和执行工作具有现实重要指导意义的权威裁判观点，对裁判观点已过时或不再适用的案例予以删除。三、新颖实用。本丛书密切联系当前民事审判工作中的重点、难点、疑点和热点问题，所收录的法律适用指引和类案裁判观点均体现《民法典》《民事诉讼法》等相关法律和司法解释的最新规定及政策精神，总结的审判经验、裁判规则、裁判观点对各级法院审判人员审理相同或相似案件具有较高的借鉴意义和参考价值。

对于本丛书编写工作中存在的不足或疏漏之处，敬请读者指正。

编者

二〇二三年六月

# 目　　录

## 一、所有权

## 二、担保物权

## 三、占 有



## 附录 最高人民法院典型案例

# 一、所有权

## 【案例一】

# 生产经营相邻关系纠纷损害赔偿责任审查处理要点

——再审申请人滕州市万通实业有限公司与被申请人华电滕州新源热电有限公司、山东省滕州瑞达焦化有限公司相邻排水及相邻损害防免关系纠纷案*

### 【法理提示】

在不涉及生态、生存保护的生产经营相邻关系中，相邻关系限制物权并非绝对，因不动产权益属于优势利益得到保护的一方，相邻不动产权利人负有容忍义务，但负有容忍义务一方因此遭受实际损害的，法律也赋予金钱补偿（牺牲请求权），以资平衡；另一方面，负有容忍义务一方对于轻微的不利影响不能主张赔偿，必须具有“异常性”和“过度性”。相邻关系中通过限制对方不动产权能而受益的一方，对限制物权一方的牺牲无需承担责任而享有利益，并不可以认为理所当然；受限一方对其不动产建设利用而导致原受益一方不能继续受益，原受益一方权能扩张的利益减少，亦不应完全归咎于原受限一方，而原受限一方因此在所有类型的损失上均承担全面的赔偿责任，亦不可取。司法审判中应当根据权利义务对等的民法基本原则和“公平合理”的相邻关系原则审慎处理。

---

* 案例来源：最高人民法院民事审判第一庭编：《民事审判指导与参考》2019 年第 4 辑（总第 80 辑）。

## 一、当事人及案件来源

再审申请人（一审原告、二审上诉人）：滕州市万通实业有限公司。

被申请人（一审被告、二审上诉人）：华电滕州新源热电有限公司。

被申请人（一审被告）：山东省滕州瑞达焦化有限公司。

再审申请人滕州市万通实业有限公司（以下简称万通公司）因与被申请人华电滕州新源热电有限公司（以下简称新源公司），一审被告山东省滕州瑞达焦化有限公司（以下简称瑞达公司）相邻排水及相邻损害防免关系纠纷一案，不服山东省高级人民法院（2018）鲁民再371号民事判决，向最高人民法院申请再审。

## 二、案件基本事实

万通公司的经营场地以出让方式取得，并持有《国有土地使用权证》。万通公司与瑞达公司场地三面相邻。因该宗土地自然地势，形成万通公司场地的雨水经万通公司场内的排水道设施，向西流经瑞达公司建厂时新修建地下排水涵洞及两条南北方向排水通道排向市政排水管网。

2008年7月，新源公司与瑞达公司签订协议：主要约定新源公司付给300万元，作为其铁路专用线建设地面附属物的迁占补偿费用，此外还约定为瑞达公司修建一条水泥硬化路作为运煤道路。其后两公司因自身经营需要，堵死万通公司一直用来向场外排水通道排水的唯一专用洞口及向西排泄积水的大型涵洞，并填平、抬高、占用了该区域多年自然形成的排水通道用地；用以建设自身经营所需的铁路专用线和重型车辆专用道路。其所建铁路距离万通公司房屋均过近。在2008年、2009年雨季中，因原来的排水涵洞被堵死，排水通道被填平占用，造成雨水不能正常排出，场外积水倒灌，万通公司房屋被淹。

万通公司于2008年10月提起本案诉讼，请求法院判令新源公司、瑞达公司停止侵害、排除妨害、恢复或另行开通排水通道，并赔偿万通公司由此造成的全部经济损失。

另查明：2004年1月1日，万通公司（甲方）与案外人滕州市幸福人医药连锁有限公司（乙方）（以下简称幸福人公司）签订房屋租赁合同，万通公司将南部经营房屋48间租赁给幸福人公司使用。合同约定，租赁期限为12年，自2004年1月1日起，至2016年1月1日止。付款方式，分四个阶段。以三年为阶段每年缴纳80万元、35万、40万元、43万元。2009年4月22日，因房屋受淹，该房屋租赁合同提前解除。幸福人公司出具证明证实已交付房屋租金195万元。

2003年11月1日，甲方狄某九（万通公司法定代表人）与乙方幸福人公司签订房屋租赁合同一份，约定：为更好地发展经济，乙方有偿租用甲方房屋15间作存放人用药品及办公之用，租用期限三年，自二〇〇三年十月三十一日起至二〇〇六年十月三十一日止，可协商续租。三年房租金合计为113000元。合同内容完备，约定了租赁房屋新砌隔墙、房顶保温、安置防盗、增加保温设备及安置必要供电线路等改造及期满权属、出租方提供电源、水源有偿使用及架设供电线路责任承担、水电费清结、门卫、承租方修缮、违约责任、合同终止等具体事宜。甲方狄某九签字，乙方幸福人公司的法定代表人签字。

2006年1月1日，万通公司与案外人山东滕州康神医药有限公司（以下简称康神公司）签订房屋租赁合同，将万通公司东部仓库1000平方米、北一楼9间门市房等房屋租赁给康神公司使用。合同约定，租用期限为10年，租金共计451万元。2009年该房屋租赁合同亦提前解除。缴纳租金至2009年底。

2004年8月10日，狄某九为甲方与贾某云（乙方康神公司法定代表人）就东部新建库房800平方米、北一楼6间门市房签订房屋租赁合同，租期五年，自二〇〇四年八月十日起至二〇〇九年八月十日止，可协商续租。五年房租金合计为42.5万元。合同条款完备。狄某九、贾某云签字。

上述两份万通公司法定代表人狄某九个人名义签订的租赁合同在滕州市工商行政管理局备案。狄某九、幸福人公司、康神公司均认可实际履行的合同系未备案合同，备案合同并未实际履行，仅为幸福人公司、康神公司注册用。

2013 年 04 月 26 日，滕州市价格认证中心关于对滕州市荆河西路（柳屯路至振兴路段）周边经营性仓储房租赁价格咨询的回复："新源公司：受你单位委托，我中心对滕州市荆河西路（柳屯路至振兴路段）及周边经营性仓储房的租赁价格进行了调查，因合储房新旧程度、房屋结构不同价格存在差异，近期滕州市荆河西路（柳屯路至振兴路段）及周边面积不低于 $800m^2$，水电齐全、交通便利的经营性仓储房的租赁价格每月每平方米在 8–12 元之间。"

针对上述价格咨询回复，万通公司陈述，根据其与幸福人公司、康神公司实际履行合同，其与幸福人公司出租房屋面积为 2445 平方米，与康神公司出租房屋面积为 2158 平方米，单位面积价格比滕州市价格认证中心回复价格低。

万通公司自认，在万通公司与案外人幸福人公司、康神公司解除合同后，其部分房屋受损后时有对外出租，万通公司的涉案房屋租金收益 27.64 万元。

枣庄市中级人民法院（以下简称枣庄中院）技术室委托山东省建筑设计研究院对西办公楼、东仓库出等房屋出现的质量损坏，裂缝原因及补救措施进行司法鉴定。作出《西楼及东仓库裂缝原因鉴定报告》，从鉴定结论来看，案涉西楼必须修复加固、东仓库建议拆除，并做挡水墙；房屋裂缝原因与房屋结构质量及水的渗入原因都有，两个缺一不可，水的渗入不是次要因素。

在诉讼中，万通公司认为拆除铁路恢复原状难度较大，还会给两公司造成较大损失，结合本案实际，为消除威胁，防免损害，万通公司提出了"退房让地"的补救方案。为此，万通公司申请对该方案所涉及的（1）标的物的拆除及恢复重建、场内、外排水设施等相关费用；（2）经营损失；（3）退让土地收益损失等关联事项费用一并进行司法鉴定。枣庄中院委托司法鉴定机构均进行了司法鉴定：

山东安信资产评估土地估价有限公司（以下简称安信评估公司）共出具两份《鉴定报告》一份是：2011 年 6 月 23 日鲁安信评估鉴字

［2011］第18号《资产评估报告书》（以下简称18号《报告书》），南部经营房评估金额合计为：770.91万元。除房屋拆除费用、附着物补偿费以外，出租房屋终止合同租金损失272.33万元（2009年合同解除至2015年租赁到期）和被告方占用土地租金合计：480万元（2016年至2056年）。

另一份：2011年9月18日鲁安信评鉴字［2011］第32号。东库房房屋拆除费、附着物补偿、租金损失评估金额合计为：289.14万元，其中，终止合同租金损失为282万元。

以上两份《鉴定报告》评估金额共计为1060.05万元。

山东兴安工程咨询有限公司，该公司共出具两份《鉴定报告》。一份：2011年10月20日鲁兴安工鉴字［2011］003号《工程造价鉴定报告书》，西楼加固、电气修缮、厂区挡水墙、东仓库新建、安装合计造价金额为：324.02万元。另一份：2011年10月20日鲁兴安工鉴字［2011］004号《工程造价鉴定报告书》，万通公司南部经营房新建、排水道合计造价金额为：269.68万元。以上两份《工程造价鉴定报告》造价合计：593.70万元。

上列四份《鉴定报告》24项、11种标的物金额总计为：1653.76万元。

2012年12月20日，安信评估公司关于对18号《报告书》有关事项提交了补充意见：枣庄中院：应贵院要求，提出：一、《报告书》（七）评估方法（5）中，“被告方占用土地租金”，其文字表述不够精确。现经进一步审查，应理解为“退房让地收益损失”。其真实意思与《报告书》第7页、正数第3行文字表述的意思是一致的。该项损失真实意思为“退房让地收益损失”，那么房、地二者的收益仍然均应计入。因此，《报告书》对房屋土地损失的补偿评估价值并无不当，即万通公司退房让地的收益损失价值为4800687.00元，该项损失为2016-2056年40年的损失，每年120017.17元。二、如果“退房让地”中的“房子”已作恢复重建式赔偿，万通公司的“退房让地收益损失”的赔偿可以从房、地共益中去掉房子的收益赔偿，可仅赔偿其中应归属于土地的收益，具体金额可以从房、地共同收益中各半确定。即万通公司让地的收益损失价值应4800687.00元÷2=2400343.50元，每年60008.59元。三、涉案宗地位于滕州市平行路西，荆河路南，属于二级工业用地，政府公布基准地价19.8万元/亩。经查询滕州市国土资源局公布的近期土地交易公告，未查明与涉案宗地类似条件的交易案例。

2014年11月10日，安信评估公司对上述补充说明进行了说明，主要内容是《补充意见》中的第二项、第三项内容意思，不能认定为鉴定结论的补充意见。鉴定结论应以18号报告为准。

山东高院（2013）鲁民一终字第212号判决生效后，万通公司申请执行提取执行款1300万元，已执行完毕，该执行款划扣时间为2014年7月21日。

新源公司不服上述判决，曾向最高人民法院申请再审，最高人民法院提审后，万通公司在申请再审期限内亦申请再审。经审理，最高人民法院再审裁定撤销原审、发回一审法院重审。

## 三、原审诉讼基本情况

一审法院认为：焦点一，万通公司主张双方之间存在相邻排水防险关系成立，予以支持。焦点二，关于新源公司与瑞达公司的建设行为给万通公司的经营收益和财产造成损失问题，依据《物权法》第九十二条的规定，新源公司与瑞达公司应予赔偿。本案审理过程中，新源公司、瑞达公司均不同意采取相应补救措施消除因相邻排水和相邻防险给万通公司造成的危险。基于此，万通公司提出的“退房让地”的形式解决排水问题的救济方案，应予支持。焦点三，万通公司所主张的各项赔偿损失的范围及数额如何认定。关于西办公楼修复费用、东仓库拆除重建费用及南部经营房拆除重建费用，因万通公司对于损害的发生并无过错，且本案系基于相邻排水及相邻防险产生的纠纷，因此根据物权法相邻排水及相邻防险的规定，应当由新源公司和瑞达公司承担损失。一审除挡水墙费用未支持外，关于西办公楼修复费用、东仓库拆除重建费用、南经营房及相关房屋拆除重建费用、场内、外排水沟设施，沥青路面，绿化恢复的费用的认定，均采信上述四份鉴定结论有关内容。关于退让土地收益损失的认定。依据司法鉴定确认的退让土地供瑞达公司和新源公司使用的土地东西长 91 米、南北宽 7 米，共计 637 平方米。关于万通公司退让土地的损失问题，18 号《报告书》对土地收益损失的评估依据欠当，该报告以原房屋租金价格为依据，计算至该宗土地剩余使用年限。退让的土地万通公司不可能再利用，由瑞达公司和新源公司补偿建房所需费用，故退让土地的损失应当采用政府公布的土地转让交易基准价 19. 3 万元/亩为宜，因此万通公司退房让地的损失为 18. 44 万元。关于万通公司南经营房、东仓库租赁户提前解除租赁合同租金收益损失的认定。万通公司与承租人在工商局登记备案合同的单价符合市场价格，对此应予认定，双方实际履行的合同面积为 4603 平方米，故房屋租金损失应从解除合同之日计算，计算至合同终止日即 2016 年 1 月 1 日。万通公司与幸福人公司解除租赁合同的房屋租金损失：自 2009 年 5 月 1 日至 2016 年 1 月 1 日，共计 173. 10 万元（鉴定结论为 272 万）。万通公司与康神公司解除租赁合同的房屋租金损失：从 2010 年 1 月 1 日计算至 2016 年 1 月 1 日，共计 137. 51 万元（鉴定结论为 282 万元）。在新源公司与瑞达公司履行义务时扣除解除合同后万通公司另行出租的房屋租金收益 276400 元。因本案已经执行完毕，其主张之后的损失于法无据，不予支持。

一审判决：一、新源公司、瑞达公司支付万通公司西办公楼修复费用 1365582. 08 元，东仓库拆除重建费用 1591884. 42 元；二、新源公司、瑞达公司支付万通公司南经营房及相关房屋的拆除重建费用 1930781. 45 元；三、新源公司、瑞达公司支付万通公司场内、外排水沟设施，沥青路面，绿化恢复的费用 951102. 93 元；四、新源公司、瑞达公司支付万通公司退让土地收益损失 184402. 28 元；五、新源公司、瑞达公司共同支付万通公司房屋租金损失 2829737. 6 元；六、驳回万通公司的其他诉讼请求。

万通公司、新源公司均不服，提起上诉。

二审认为：关于第一个焦点问题。万通公司主张的相邻防免关系成立。新源公司和瑞达公司应对相邻权人万通公司造成的损害承担连带赔偿责任。相邻关系是基于不动产所有权的利用而产生的权利义务，不以过错为要件，因此，新源公司铁路专用线的修建合法与否、万通公司建筑物的建设手续是否齐全均不影响本案相邻权的主张及责任的承担。

关于第二个焦点问题。新源公司不同意恢复原状、消除危险又不能提出其他合理替代解决方案。万通公司提出的“退房让地”方案既有合理性，也有可行性，一审予以采纳并无不当。依法予以确认。

关于第三个焦点问题。关于挡水墙费用。万通公司主张新源公司、瑞达公司承担挡水墙建设费用 354498.75 元，予以支持。

关于“退房让地”的租金损失问题。万通公司主张房地合一的租金损失 4800687.00 元。关于房屋租金，万通公司已经另行主张租户提前解除合同的租金损失，再要求房地合一的租金损失属于重复主张，一审不予支持并无当。对于退让土地的损失，万通公司历来出租时未将土地与房屋分开租赁，土地未实现单独获利；况且退让土地是为了解决相邻各方排水及防险问题，相邻各方既是权利人也是义务人。因此，一审参照政府公布的当地土地转让交易基准价补偿万通公司退让土地损失 184402.28 元并无不当，对于万通公司超出该数额的请求不予支持。

关于万通公司《房屋租赁合同》提前解除的租金损失数额认定问题。对于万通公司因合同提前解除的租金损失，一审参照滕州市价格认证中心提供对同地段周边经营性仓储房约价格区间判定其租金损失，公平合理。万通公司主张以其提供的《房屋租赁合同》约定的租金标准计算损失，但不能提供有效的付款凭证予以证明，其主张履行五年之久的租金全部为现金支付，有违常理，一审不予支持并无不当。

对于租赁期满后即 2016 年 1 月 1 日起至本案判决生效之日止的租金损失及受损房屋修复重建期间的租金损失问题。万通公司确已于 2014 年 7 月 21 日申请执行了包括受损房屋拆除重建在内的各种费用，至其租赁合同到期，足以修复或重建并继续租赁经营，万通公司再主张之后的租金损失于法无据。一审不予支持并无不当。

重二审判决在一审判决确定的赔偿额的基础上，改判增加修建挡水墙费用 354198.75 元。

## 四、再审申请理由

就损害赔偿部分，万通公司申请再审的主要理由：（1）“退房让地”造成的土地租金损失数额以政府公布的土地转让交易基准地价确定损失数额有误。（2）房屋租金损失数额认定有误，应依据（未备案）《房屋租赁合同》计算租金损失。（3）对本案诉讼期间受损房屋没有得到修复仍不能恢复经营持续产生的租金收益损失，应予支持。（4）铁路专运线工程违反相关法律规定，应依法追究新源公司责任。

## 五、最高人民法院裁判

最高人民法院认为，本案的起因是：万通公司场地内的积水需由北向南流淌至场外多年形成的排水通道沟内，并向西流经相邻的瑞达公司建厂时新修建地下排水涵洞及两条南北方向排水通道排向市政排水管网。现新源公司、瑞达公司因自身经营需要，堵死专用洞口及向西排水涵洞，填平、抬高、占用了该区域多年自然形成的排水通道用地，用以建设铁路专用线和重型车辆专用道路，妨碍了万通公司正常排水，导致了万通公司相关损失，从而产生纠纷。即，纠纷产生之前，万通公司对场地的全面利用，一定程度上有赖于瑞达公司为相邻权人的利益而提供的便利，而其后新源公司、瑞达公司的行为改变了原排水、相邻关系，未能体现团结互助的精神。原审认定万通公司主张的相邻防免关系成立，新源公司、瑞达公司应对相邻权人万通公司遭受的损害承担连带赔偿责任，并无不当。

本案属于相邻各方行使不动产所有权或者使用权时因给予便利或者接受限制而产生的相邻关系纠纷，应从营造良好的邻里氛围、保持健康稳定的相邻关系的目标出发，按照有利于生产、方便生活、团结互助、公平合理的精神妥善协调解决，故相邻纠纷的处理与一般侵权损害赔偿相比存在其自身的特点，总体而言，本案生效判决实体处理并无不当。

其一，对于本案因相邻关系产生的各项既有损失的认定，应当采取较为严格的标准。诉讼中，结合本案实际，为消除危险、防免损害，同时设置排水设施，原审法院采纳了万通公司提出的“退房让地”补救方案并进行司法鉴定。（1）山东高院（2018）鲁民再371号民事判决对万通公司西办公楼修复费用、东仓库拆除重建费用、南经营房及相关房屋拆除重建费用、场内外排水沟设施、沥青路面、绿化恢复的费用，甚至对包括挡水墙建设等费用的承担问题，均采信鉴定结论有关内容予以支持，尺度客观公平。（2）关于万通公司因执行“退房让地”方案涉及的退让土地收益损失的问题。万通公司退让的土地虽不能按照原功能进行利用，但该部分土地权属仍归于万通公司，未来应当具有的排水等功能仍服务于万通公司的利益。鉴定不能替代审判，原审在鉴定结论和市场价格等证据之间审查评判，依法采信政府公布的土地转让交易基准价为标准计算损失数额，对万通公司的基本利益予以弥补，从严掌握并无不当，同时也不违反证据规则等程序性要求。万通公司向本院申请再审时提交的原鉴定机构出具的《进一步说明》等材料，不足以否定原审证据采信结论。万通公司提交的“新证据”或“关联证据”等材料不属于《民事诉讼法》第二百条第一项规定的足以推翻原判决的新证据，不予认定。（3）对于万通公司预期租金利益损失问题。山东高院（2018）鲁民再371号民事判决采备案合同单价并结合万通公司主张实际履行的租赁合同计算租期，较为充分地考虑了万通公司利益，并无不当。万通公司针对损失计算的各项再审申请理由，不能成立，本院不予支持。

其二，对于纠纷产生后，相邻排水或者相邻防免所应采取的补救措施，应当兼顾各方利益以利于物尽其用。原审诉讼中，新源公司、瑞达公司不同意采取相应补救措施，万通公司提出“退房让地”方案，人民法院依法予以支持。新源公司、瑞达公司承担补救措施的费用之后，应当视为案涉相邻关系问题基本得到解决，对新源公司、瑞达公司行使其不动产所有权或者使用权的合法权益应当保护。万通公司在原审诉讼、再审申请时质疑、调查、提交材料并主张拆除新源公司、瑞达公司建设的铁路专用线，不具有客观合理性。

其三，对于具备补救措施实施条件后产生的新损失的索赔请求，不予支持。排水问题出现后，万通公司为己方排水的需要，除非客观不能，首先应当考虑在其享有土地使用权的土地上加强排水建设，不应继续放任损害连年发生。万通公司在再审申请书中认可案涉执行款于2014年执行1200余万元，即执行款基本到位的前提下，山东高院（2018）鲁民再371号民事判决认定万通公司已申请执行了包括受损房屋拆除重建在内的各项费用，至其租赁合同2016年到期，足以修复重建继续经营，万通公司再主张之后的租金损失于法无据，并无不当。万通公司关于原审对租赁合同期满至判决生效及受损房屋修复重建期间的租金损失不予认定错误的再审申请理由，不能成立。

综上，万通公司的再审申请不符合《民事诉讼法》第二百条规定的情形。依照《民事诉讼法》第二百零四条第一款、《最高人民法院关于适用〈中华人民共和国民事诉讼法〉的解释》第三百九十五条第二款规定，最高人民法院裁定驳回滕州市万通实业有限公司的再审申请。

## 六、最高人民法院民一庭裁判观点

在中国古代法上，“邻里关系”包括社会管理与财产利用两方面，前者事关国家安定，由“法”主动加以规制，后者则靠“礼”来维系。① 而“礼”的实现方式，主要是在一般原则指导之下，通过地方性权威借助道德教谕以非正式方式加以解决。② 这是基于传统社会是以农业生产为基础的静态“熟人社会”，人口流动性弱而宗族社交组织复杂，纠纷各方往往处于生活共同体中，彼此存在着众多的社会关联并共享共同的风俗习惯和生活条件等地方性知识。而在当代“陌生人社会”③，仅靠传统的道德教育难以平衡相邻关系，但在特定环境特定人际关系中，法官仍可善用传统文化的精神力量化解相邻矛盾。

---

① 蔡养军：《对我国相邻关系法的历史解读》，载《北方法学》2013第1期。

② 屈茂辉、章小兵：《我国相邻关系纠纷解决模式的变迁与发展》，载《湖北社会科学》2015年第3期。所谓非正式方式，如安徽桐城的六尺巷故事，据《旧闻随笔》载，清代文华殿大学士张英在桐城的家人与邻居吴氏为相邻墙基产生纠纷，家人驰书以告，张英回书“让他三尺又何妨”，吴氏感服，亦让三尺，从而形成六尺巷作为公共通道。

③ 熟人社会和陌生人社会等概念参见费孝通在《乡土中国・生育制度》中的论述，北京大学出版社1998年版。

相邻关系纠纷案件具有审理难度大、调解难、上诉率高、执行难的特征。从主体上讲，我国《物权法》第八十四条将“不动产的相邻权利人”定义为作为相邻关系的主体，一般来说，包括占有人、用益物权人和建筑物区分所有权人，而用益物权人包括建设用地使用权人、土地承包经营权人、宅基地使用权人等。① 就相邻关系纠纷的处理依据而言，《物权法》第八十五条规定：“法律、法规对处理相邻关系有规定的，依照其规定；法律、法规没有规定的，可以按照当地习惯。”上述制度供给过于原则和宏观，导致在诉讼中，当事人往往将权利绝对化，没有意识到权利和义务的对等性，导致败诉当事人频频闹访和上诉，且极易导致双方日后摩擦不断、矛盾升级，严重的甚至引发故意伤害诱发“民转刑”案件。② 从类案检索的情况看，中国法院裁判文书网 2014 年建立来收录的相邻用水、排水纠纷总数为 2788 件（年均 400 余件），总量虽不大，但消耗司法资源不少，案件可能经过数级法院几轮诉讼仍不能事了。实体方面，随着社会经济的发展，此类案件从既往的民间生活与生活纠纷为主，出现了大量因基础建设等发生的生产与生活（如相邻污染）矛盾和生产与生产之间的纠纷。对于涉及生产的相邻关系纠纷，尤其是生产者与生产者之间的相邻关系纠纷，司法尺度宽严不一，随意性较大。

当前，审理涉生产经营相邻关系纠纷案件的难点在于：第一，基础建设一旦完成，如本案铁路和载重公路建成后拆除属于社会资源的极大浪费，故除非极特殊情形，难以适用恢复原状、排除妨害、消除危险等请求权，在生产者之间的相邻纠纷不直接涉及生存权的情况下，对相邻关系损害赔偿责任规则研究不够，理论储备不足，审判过于依赖鉴定；第二，在物权法对相邻关系制度供给不足的前提下，双方当事人均享有物权而互不相让，相邻权人往往将对邻人物权的限制视为理所当然，在出现一方损害时，人民法院也往往简单化按照侵权案件处理相邻损害，在损害赔偿中没有充分体现“团结互助，公平合理”原则；第三，因社

---

① 参张怡然：《论相邻关系与相关纠纷的处理依据》，载《黑龙江省政法管理干部学院学报》2019 年第 6 期。

② 参农国宾、梁列宁：《处理农村相邻关系纠纷相关问题探析》，载《广西法治日报》2018 年 8 月 14 日。

会现实的多样性，如何在相邻关系纠纷中通过损害赔偿对不动产关系作最低限度的调节，需要司法智慧。以本案为标本，相邻关系纠纷损害赔偿责任的审判要点主要有以下几个方面：

（一）正确适用相邻关系原则判断利益保护顺位

从相邻关系的处理原则来看，《民法通则》第八十三条规定："不动产的相邻各方，应当按照有利生产、方便生活、团结互助、公平合理的精神，正确处理截水、排水、通行、通风、采光等方面的相邻关系。给相邻方造成妨碍或者损失的，应当停止侵害，排除妨碍，赔偿损失。"物权法第八十四条统领相邻关系一章，继受了《民法通则》"有利生产、方便生活、团结互助、公平合理"的相邻关系十六字处理原则。"有利生产"的含义在于，社会财富通过生产来创造，我国当前仍处于加快发展的重要历史机遇期，要以实际行动支持生产建设，处理相邻纠纷要把有利生产放在重要位置；"方便生活"原则主要从改善生存环境，提高生活质量的角度出发，保护相邻权利人的生存权；"团结互助"是指相邻各方不仅是平等的民事主体之间的关系，而且是互助协作关系；"公平合理"的含义包括坚持权利义务平等、行使权利应保持在合理限度内、尊重历史形成的客观状况和先后顺序、避免或者排除不法妨害，合理赔偿损失。[①] 从上述规定可以看出，立法者充分认识到了相邻关系纠纷的解决在消除社会矛盾、促进社会和谐中的重要意义，拟采用一般原则结合具体规则条文的方式，以期妥善解决相邻关系纠纷。

如何正确理解相邻关系处理原则，面对生产与生活的矛盾、生产与生产之间的矛盾，如何协调。有学者提出，在新型城镇化发展的背景下，具体规则式的相邻关系纠纷解决模式应当得到充分重视，这就需要物权法增加相邻关系纠纷类型及其权利义务的明晰规定，规定明确的行为事实构成和可期待的法律效果，以确定权益次序，俾使法院和当事人有所依循。[②] 在《物权法》尚未明确规定之前，司法实践中当可根据法律精神

---

① 参最高人民法院物权法研究小组编著：《〈中华人民共和国物权法〉理解与适用》，人民法院出版社 2007 年版，第 269 页。

② 屈茂辉、章小兵：《我国相邻关系纠纷解决模式的变迁与发展》，载《湖北社会科学》2015 年第 3 期。

进行研判。

整体思路而言，在出现相邻关系纠纷之时，首先应当确定哪一方的利益属于优先保护的范畴。在规范内容方面，必须考量土地所有人自由行使其权利是否具有值得保护的利益，并衡量邻地所有人是否有权干预他人所有权范畴的优势利益，而为合理必要的利益衡量。① 对于相互冲突的利益，应当保护较大利益而牺牲较小利益。在民法上判断优先保护的通常标准为在公益与私益发生冲突时，公益通常为“优势利益”，在私益上，人格权益与财产利益发生冲突时，基于人格尊严在宪法上的最高价值，人格权益为“优势利益”，就不动产而言，生存利益与财产利益冲突时，生存利益通常为“优势利益”。② 在规范内容方面，必须考量土地所有人自由行使其权利是否具有值得保护的利益，并衡量邻地所有人是否有权干预他人所有权范畴的优势利益，而为合理必要的利益衡量。③

在生产经营者之间发生的相邻关系纠纷中，不直接涉及包括生存利益在内的人格权益，可以借鉴法律经济学关于经济效率的角度加以分析，而经济效率的一个最基本规则是要求成本最低的一方承担避免冲突的责任。本案中，一方当事人建设自身经营所需的铁路专用线和重型车辆专用道路，与相邻方仓储租赁相比，均属于生产的需要，但铁路线和道路等基础建设具有一定的公益性，投入使用之后，所产生的经济价值一般高于不动产仓储，故铁路线和道路运营的利益应当保护，但这并不意味着对于相邻不动产权利人的权益受损不承担民事责任。

（二）相邻关系损害赔偿责任属于严格责任

民法关于相邻权或其他权利之规定，皆为限制物权的行使。④ 相邻关系制度的目的就是承认不动产权利边界并非绝对的前提下，根据具体情况，参酌地形、使用时间、地方习惯和当事人各方的利益状态，动态地

① 王泽鉴：《民法物权》（通则·所有权），中国政法大学出版社 2001 年版，第 210 页。

② 温丰文：《现代社会与土地所有权理论之发展》，我国台湾地区五南图书出版公司 1984 年版，第 129~131 页。

③ 王泽鉴：《民法物权》（通则·所有权），中国政法大学出版社 2001 年版，第 210 页。

④ 史尚宽：《民法总论》，中国政法大学出版社 2000 年版，第 718 页。

界定不动产有权使用的边界，或者说不动产的使用权能之大小。[①] 相邻关系限制物权并非绝对的，因不动产权益属于优势利益得到保护的一方，相邻不动产权利人负有容忍义务，但负有容忍义务一方因此遭受实际损害的，法律也赋予金钱补偿（牺牲请求权），以资平衡；[②] 另一方面，负有容忍义务一方对于轻微的不利影响不能主张赔偿，必须具有“异常性”和“过度性”。

1. 相邻关系损害的原因行为

按照我国民法学界之通说，“相邻不动产的物权人在对不动产进行占有、使用、收益或处分时，相互给予对方便利或对一方权利加以限制而对他方权利予以延伸，由此形成的权利义务关系就是相邻关系”。[③] 准确地讲，相邻关系的本质是所有权权能或内容的扩张与限制。[④] 从这个角度而言，相邻关系所发生的损害的原因行为，一般系不动产权利人未能体现团结互助的精神，为自身经济利益等原因，通过建设等方式进一步利用自身不动产物权，让历史或地势等自然条件等现状基础发生变动，在不考虑相邻关系的情况下通常为合法行为，但从相邻关系的整体来看，该合法建设行为作为原因行为，可能导致自然力对相邻不动产产生损害或者使相邻不动产权利人不能获取自然资源，如本案建设铁路太高地基导致排水阻塞引发相邻不动产雨水倒灌，相邻不动产权利行使发生障碍，其行为属于不动产权利人对自身享有的物权权能限制的突破。从上述角度而言，不动产相邻损害行为与一般的侵权加害行为还是存在不同。我国相邻权制度并未建立大陆法系国家普遍立法承认的相邻关系受益方承担费用的规则，[⑤] 更为重视“团结互助”的道德精神力量。当然，相邻关

① 马勇：《物权防御请求权研究》，华东政法大学 2013 年博士学位论文。

② 马勇：《物权防御请求权研究》，华东政法大学 2013 年博士学位论文。

③ 王利明、杨立新、王轶等：《民法学（第四版）》，法律出版社 2015 版，第 269 页。

④ 曾大鹏：《论相邻关系的定义与本质》，载《南京大学法律评论》2012 年第 1 期。

⑤ 即使用者付费原则，指一方因对他方土地或工作物的使用而受益时，应按其受益程度负担费用。他人过水工作物之使用权《日本民法典》第 221 条、堰之设置与利用《日本民法典》第 222 条即为例证。又如《瑞士民法典》第 690 条规定，关于排水，低地所有人应除去自然流至该地的水，并不得请求赔偿。该低地所有人因引水而受损害的，得请求高地所有人以其自己的费用使水流继续通过该土地。

系中通过限制对方不动产权能而受益的一方，对限制物权一方的牺牲无需承担责任而享有利益，并不可以认为理所当然；受限一方对其不动产建设利用而导致原受益一方不能受益，原受益一方亦不应完全归咎于原受限一方，而原受限一方因此在所有类别的损失上均承担全面的赔偿责任，亦不可取。司法审判中应当根据权利义务对等的民法基本原则和“公平合理”的相邻关系原则审慎处理。

2. 无过错责任的法律依据

《物权法》第九十二条规定：“不动产权利人因用水、排水、通行、铺设管线等利用相邻不动产的，应当尽量避免对相邻的不动产权利人造成损害；造成损害的，应当给予赔偿。”一般来说，损害包括对相邻不动产的实际损害（physical damage）和妨碍使用（收益）两种。无论何种损害，对相邻不动产造成损害，均属于对占有、用益物权、建筑物区分所有权等绝对权的损害，上述九十二条的规定不强调过错系损害赔偿责任构成的要素，相邻关系损害赔偿责任为严格责任，这在主要大陆法系国家亦为通例。[①]

3. 相邻关系损害赔偿责任与公法规范的关系

相邻关系的本质是所有权权能或内容的扩张与限制，但为维护私法的纯粹性，在私法中应尽量少设置相邻关系的公法规范，并且不宜以相邻关系的公法规范作为私法规范而直接适用。[②] 从这个角度而言，在处理私法范畴的相邻关系问题时，是否违反公法性质的行政管理规范并非损害赔偿责任的构成要件，即行为即使不具有违法性，但符合法定的损害赔偿责任构成要件的，仍应当承担责任。这样，民事责任和行政违法责任的界限分明，不至于混为一谈。

本案的情形，无论新源公司一方修建铁路是否合规，因建设行为导致排水阻塞给相邻不动产权利人的不动产造成损害，均应当承担赔偿责任。

相邻关系损害赔偿的范围涉及三个方面：第一是对行为人对相邻权

---

① 如在法国，土地利用者为取得正当利益而使用其土地，并且未违反法律规定，但如果给近邻造成损害的，即便其主观上无过错，也应承担责任。

② 曾大鹏：《论相邻关系的定义与本质》，载《南京大学法律评论》2012 年第 1 期。

利人不动产直接损害的赔偿；第二是对相邻权利人因直接损害导致使用（收益）利益及其预期利益损失的赔偿；第三方面也是最重要的，是恢复相邻不动产便利使用的修复补救方案设计和执行的费用赔偿。上述三类损失在实践中必然遇到，但审判规则并不相同，相邻关系损害赔偿也具有一定的特殊性，以下分述之。

（三）对于相邻不动产直接损害应当全面赔偿

《物权法》第三十六条、《民法典（草案）》第二百三十七条规定，造成不动产或者动产毁损的，权利人可以（依法）请求修理、重作、更换或者恢复原状。根据《侵权责任法》第十九条的规定，“侵害他人财产的，财产损失按照损失发生时的市场价格或者其他方式计算”。相邻不动产遭受直接损害的，依法享有损害赔偿请求权。一般来说，相邻不动产损害有其自身特点，直接损害往往体现在对房屋、附着物、构筑物等质量的损坏、有毒有害物质污染土壤以及如本案雨水季节性淹没土地等情形，直接损害将影响财产使用价值和交换价值减少，对此进行赔偿属于侵害物权首要应当承担的责任。一般而言，不动产修改拆建的成本较高，在整个相邻关系损害赔偿的数额之中，所占比例不低，当然，基于不动产自身特点，不动产用益损失和恢复便利使用功能的费用亦属较大额费用。对于因保护一方不动产权利（优势利益）而导致相邻不动产权利人遭受固有的实际损失（physical damage），属于应当全面赔偿的范畴，但应当严格审查证据。这是因为，不动产权利人因自身经济利益需要，通过建设等方式改变不动产现状，未尊重历史或地势等自然条件，导致相邻不动产外在形式、内在质量遭受破坏，如本案因水淹导致万通公司房屋裂缝破损、结构出现重大安全隐患，应承担全面赔偿的责任，赔偿的范围一般包括对原有不动产修复、加固、拆除重建，总体而言，就是对受到直接损害的相邻不动产修理、重作、更换或恢复原状等产生的费用的赔偿。本案中，原审法院经过技术鉴定查明，房屋裂缝等质量问题与房屋结构质量及水的渗入原因有关，两个缺一不可，水的渗入不是次要因素。相邻排水问题虽不是导致涉案不动产直接损害的唯一原因，但属于积极的原因，非因排水问题不可能引发本案矛盾纠纷，原判建设单位对相邻不动产损失全面赔偿是可行的。

（四）生产经营所失利益适当赔偿

参照物之损害侵权赔偿范围，即当侵权行为人对他人之物损害之后，除应当对物的交换价值予以修复赔偿至损害之前的状态、功能之外，对于物未恢复之前，物权人的占有、使用、收益等利益的损害，即使用价值亦应当赔偿。对不动产直接损失的赔偿无法包含对于这部分损失的责任承担。一般来说，财产损失包括直接损害、间接损失和纯粹经济损失，后两者也称所失利益，[①] 所失利益在相邻关系之中是指，相邻不动产因相邻侵害导致相邻权利人实现占有、使用或收益的权能存在现实障碍，因此可能产生利益的减少。可获得支持的间接损失应当符合下列条件：一是损失为未来可得利益而非现实利益，相邻损害发生之时，具有取得利益的可能性并有充分的证据予以支持；二是这种期得利益的损失与不动产直接损失直接关联，有确定的范围；三是，损害赔偿范围不应当超过加害行为人在实施侵害行为应当预见的损失范围。《民法通则》第一百一十七条规定："侵占国家的、集体的财产或者他人财产的，应当返还财产，不能返还财产的，应当折价赔偿。损坏国家的、集体的财产或者他人财产的，应当恢复原状或者折价赔偿。受害人因此遭受其他重大损失的，侵害人并应当赔偿损失。"《物权法》第三十七条规定："侵害物权，造成权利人损害的，权利人可以请求损害赔偿，也可以请求承担其他民事责任。"《民法典（草案）》就此作出了相同的规定。相邻纠纷中不动产损害往往是持续的，在损害发生之后到不动产修复完成或具备修复完成条件之时的占有、使用、收益利益，应当综合考虑不动产受损之前的状况、市场环境和风险、经营成本等要素，严格掌握责任构成要件和范围，妥善认定和处理。对于具备修复完成条件，原告一方仍主张间接利益损失的，不予支持。

（五）优先考虑在受益一方的不动产上实施补救措施且仅适当补偿用地赔偿金

如果仅是一方所有权得到扩张，他方所有权受到限制，这显然是一

① 王胜明主编：《中华人民共和国侵权责任法释义》，法律出版社 2013 年版，第 108 页。

种不对等的权利义务关系，基于公平原则，这种物权调整还必须再通过债权调整加以补充，即所有权得以扩张一方必须对所有权受到限制一方作出补偿，以实现双方利益均衡。① 本案中根据地势和原有排水的安排，万通公司场地雨水等有赖于相邻不动产排出，万通公司的不动产权益在相邻不动产得到扩张而并未承担相关费用，在相邻不动产权利人抬高地基建设铁路线之后，如何解决排水问题，是相邻关系纠纷案结事了的关键。无论是从经济效益对比的角度，还是从万通公司属于相邻关系中受益一方的角度而言，排水问题的补救措施首先应当考虑在受益一方实施，当然新源公司方应当承担相关建设如挡水墙工程的费用，对于在万通公司场地因“退房让地”实施排水措施所占用土地的问题，因相关土地产权均未发生变化，修建排水或者挡水设施系服务于其自身利益，对于相关占地损失，新源公司方仅应适当补偿。

## 【新旧法律依据对照】

| 旧法 | 新法 |
|---|---|
| **《物权法》**<br>**第九十二条**<br>不动产权利人因用水、排水、通行、铺设管线等利用相邻不动产的，应当尽量避免对相邻的不动产权利人造成损害；造成损害的，应当给予赔偿。 | **《民法典》**<br>**第二百九十六条**<br>不动产权利人因用水、排水、通行、铺设管线等利用相邻不动产的，应当尽量避免对相邻的不动产权利人造成损害。 |
| **《物权法》**<br>**第八十四条**<br>不动产的相邻权利人应当按照有利生产、方便生活、团结互助、公平合理的原则，正确处理相邻关系。 | **《民法典》**<br>**第二百八十八条**<br>不动产的相邻权利人应当按照有利生产、方便生活、团结互助、公平合理的原则，正确处理相邻关系。 |

① 水中石：《不动产相邻关系研究》，西南政法大学 2006 年硕士学位论文。

续表

| 旧法 | 新法 |
| --- | --- |
| 《物权法》<br>第三十七条<br>侵害物权，造成权利人损害的，权利人可以请求损害赔偿，也可以请求承担其他民事责任。 | 《民法典》<br>第二百三十八条<br>侵害物权，造成权利人损害的，权利人可以依法请求损害赔偿，也可以依法请求承担其他民事责任。 |
| 《侵权责任法》<br>第十九条<br>侵害他人财产的，财产损失按照损失发生时的市场价格或者其他方式计算。 | 《民法典》<br>第一千一百八十四条<br>侵害他人财产的，财产损失按照损失发生时的市场价格或者其他合理方式计算。 |

## 【法律适用指引】

### 法律适用指引一

对“应当尽量避免”的适用

“应当尽量避免”在司法实践中应当引起必要的重视。“应当尽量避免”意味着相邻权的行使没有超过必要限度造成不应有的损害。我们认为，“应当尽量避免”必须满足四个条件：（1）必要性，即无其他方式能够避免损害。如果有其他可替代的方式，就不可以选择造成相邻不动产损害的方式实现相邻权。（2）有效性，即造成损害能够有效实现相邻权。有效性是指从事前的角度，根据客观的经验法则，只有损害相邻不动产才能有效实现相邻权时，损害才能被允许。这里的有效性只是一种合理的预测，不要求客观上达到预期的权利实现效果。就量化的程度而言，有效性也不要求必然有效，只要能够现实地提升实现机会即可。（3）手段的轻微性，即在实现相邻权的前提下，需采取损害最轻微手段。手段的轻微性是指遵守最小损害原则，因此，在权利实现效果相同时，应当优先选择最轻微的手段行使相邻权。所谓最轻微手段并不意味着不能造成较大的损害，而是强调在满足实现相邻权目的下选择最为缓和的手段。为此，必须考虑以下因素：是否为实现相邻权所必需，越是为实现相邻权所必需（必要性越高），越容易认定为缓和手段；是否能确定地实现相邻权，某种轻微手段无法确定地实现相邻权，那么即便选择更为严厉的手段，也不能轻易得出否定手段轻微性的结论。（4）相邻权的优越性，即相邻权人实现的相邻权优越于承受损害所指向的相邻不动产权利。相邻权的行使必须以损害较小的合法权益保护较大的合法权益，即行使相邻权所保护的合法权益明显大于所损害的合法权益，否则便超过了必要限度。一般认为，这里的“明显大于”不要求在合法权益的位阶上具有优越性，只要利益衡量后的优越性十分明确即可。至于如何进行利益衡量，则需要综合考虑多种因素：（1）合法权益的定性比较，即位阶高的合法权益优于位阶低的合法权益。但需注意，位阶虽然重要，但并非法益权衡的唯一要素，还应考虑别的要素进行综合比较。比如，实现相邻权的难易程度与保护相邻不动产权利的难易程度，社会习惯或社会观念的要求，社会政策的要求等。（2）合法权益的量化比较，即位阶相同的合法权益冲突时，量大的利益优于量小的利益。

---

### 法律适用指引二

准确适用相邻关系的原则

---

处理相邻关系的原则，不仅是人们在生产、生活中处理相邻关系应遵从的原则，也是法官审理相邻关系纠纷案件应遵从的原则。特别是在法律对相邻关系的某些类型缺乏明确规定的情况下，需要法官以处理相邻关系的一般原则评判是非。例如《民法典》对树木根枝越界的相邻关系问题未作规定。法官在审理此类案件时，首先要看当地的习惯对此类纠纷如何处理。如果当地也没有相应的习惯，法官要依《民法典》第二百八十八条规定的处理相邻关系的一般原则审理此案，既要查证越界枝蔓是否对邻人的生活造成了严重影响，也要查明砍断越界枝蔓对所有权

人的生产会产生多少影响，在做好利益衡平的基础上合理裁判。如果判决保留越界枝蔓，则应相应给予邻人一定补偿，从而体现公平合理的原则。①

## 法律适用指引三

### 准确把握相邻关系的范围

在审判实践中，应准确把握相邻关系的范围，区分相邻权纠纷与自然资源方面的权属争议。《民法典》物权编第七章列明的相邻关系包括不动产权利人因用水、排水，利用相邻土地、建筑物，通风、采光、日照、排放或者施放有害物质、挖掘土地、建造建筑物、铺设管线、安装设备以及通行所形成的法律关系。在审判实践中，还把相邻房屋滴水纠纷，相邻一方在自己的建筑物上设置广告等影响相邻另一方眺望远景的纠纷，也列入相邻关系的范围。我们认为，相邻关系的范围不应仅仅限于上述第七章规定的类型，应尊重实践并随着实践的发展而发展。诸如相邻房屋滴水纠纷，相邻一方在自己使用的土地上种植的竹木根枝延伸、影响另一方正常使用建筑物而引起的纠纷，应列入相邻关系的范围。但是，认定相邻关系应以相邻不动产的权属明确为前提。依据《土地管理法》第十四条的规定，土地所有权或者使用权的权属不明发生争议的，由当事人协商解决；协商不成的，由人民政府处理。当事人对有关人民政府的处理决定不服的，可以自接到处理决定通知之日起30日内，向人民法院起诉。

① 全国人大常委会法制工作委员会民法室编：《中华人民共和国物权法条文说明、立法理由及相关规定》，北京大学出版社2007年版，第134页。

## 【案例二】

# 高某清、戴某晴与张某清、袁某萍房屋买卖合同纠纷案*

**【裁判摘要】**

业主的建筑物区分所有权包括对专有部分的所有权、对共有部分的共有权和共同管理权，且这三种权利具有不可分离性。业主转让房屋时，其基于共同管理约定所享有的共有部分专有使用权也应当一并转让，既有的共同管理约定对继受取得业主权利的房屋受让人继续有效，房屋转让人应当协助将其独占使用的共有部分交付于受让人。

原告：高某清，男，汉族，住江苏省南京市江宁区。
原告：戴某晴，女，汉族，住江苏省南京市江宁区。
被告：张某清，男，汉族，住江苏省南京市栖霞区。
被告：袁某萍，女，汉族，住江苏省南京市栖霞区。

原告高某清、戴某晴因与被告张某清、袁某萍发生房屋买卖纠纷，向江苏省南京市江宁区人民法院提起诉讼。

原告高某清、戴某晴诉称：2016 年 2 月 21 日，原告与被告张某清、袁某萍签订房屋买卖合同，向被告购买了山水方舟雅苑×幢 A 室房屋。2020 年，因城市文明建设，原告得知单元的全体业主于 2007 年 8 月即对单元地下室进行了分隔，分隔出的 7 号小地下室归 A 室业主使用。但被告未向原告告知该情况，也未向原告交付 7 号小地下室，而是继续占有

---

* 案例来源：《最高人民法院公报》2021 年第 8 期（总第 300 辑）。

使用。2020 年 9 月 2 日，原被告因 7 号小地下室的使用问题发生纠纷，后经人民调解委员会调解未果。故诉至法院，请求确认 7 号小地下室归原告使用，判令被告腾空并交付 7 号小地下室及支付占有使用费（自 2016 年 8 月 1 日起，按 400 元/月的标准计算至 7 号小地下室实际交付之日止）。

被告张某清、袁某萍辩称：（1）根据被告与开发商之间的商品房买卖合同约定，A 室的单元地下室不计入公共分摊面积，不属于业主共有部分。（2）开发商交付房屋半年后，被告才接到讨论分隔单元地下室的通知，当时大家要求均分，但根据单元地下室的结构不能均分，只能隔成大小不等的小间地下室，大家以抽签的方式取得使用权，被告抽到了 7 号小地下室，并支付了分隔费 676 元。因此，7 号小地下室不是房屋附属设施，与 A 室房屋没有关系，被告可以单独进行处置。（3）原告购房后房价大幅上涨，原告购房半年的溢价超过被告购房十年的溢价，双方合同虽仅约定违约金 2 万元，但被告并没有违约不卖房，被告履行合同没有违约行为。综上，原被告的房屋买卖合同没有约定 7 号小地下室转让给原告，请求驳回原告的诉讼请求。

江苏省南京市江宁区人民法院一审查明：

2016 年 2 月 21 日，被告张某清、袁某萍（甲方）与原告高某清（乙方）以及案外人南京存房房地产经纪有限公司（丙方）签订《存量房交易合同》，约定甲方将南京市江宁区东山街道宏运大道 2199 号山水方舟雅苑×幢 A 室房屋出售给乙方；建筑面积 125.05 平方米，套内建筑面积 111.14 平方米，分摊面积 13.91 平方米；房款 198 万元。合同签订后，高某清付清了房款，张某清、袁某萍协助办理了过户手续，房屋所有权、土地使用权分别于同年 3 月 29 日、4 月 1 日变更登记至高某清、戴某晴名下，张某清、袁某萍并于同年 5 月 11 日将房屋实际交付于高某清、戴某晴。

2006 年 6 月 25 日，被告张某清、袁某萍与南京宏发房地产开发有限公司签订《商品房买卖契约》，购得山水方舟雅苑×幢 A 室房屋。2007 年 8 月，101 室所在单元全体业主共同委托小区物业服务单位对单元地下室进行了分隔，按照单元总户数12户共分隔出12小间，并依序进行编号，通过抽签的方式确定使用人。其中7号小地下室由A室业主使用，张某清、袁某萍支付了分隔费676元。张某清、袁某萍出售房屋时未告知高某清、戴某晴7号小地下室情况。

2020年8月24日，原告戴某晴、高某清通知被告张某清、袁某萍于月底前腾空7号小地下室。后张某清、袁某萍未予腾空，戴某晴、高某清更换了7号小地下室门锁，双方因此发生争议。2020年9月2日，经南京市江宁区东山街道人民调解委员会调解，戴某晴、高某清将地下室钥匙交给了张某清、袁某萍，双方并同意通过诉讼途径解决地下室的使用争议。现张某清、袁某萍仍有杂物存放于7号小地下室。

审理中，为证明因被告张某清、袁某萍占有使用7号地下室的损失，原告高某清、戴某晴提供了从房产中介“贝壳”App、“我爱我家”App下载的地下室租赁广告，证明类似大小的地下室的租金为600元/月左右。张某清、袁某萍质证认为真实性无法确认。

江苏省南京市江宁区人民法院一审认为：

原告高某清、戴某晴与被告张某清、袁某萍签订的《存量房交易合同》不违反法律、行政法规的强制性规定，合法有效。当事人应当按照约定全面履行自己的义务。当事人应当遵循诚实信用原则，根据合同的性质、目的和交易习惯履行通知、协助、保密等义务。

一、关于涉案地下室是否属于业主共有部分的问题。法律规定，建筑区划内的其他公共场所、公用设施和物业服务用房，属于业主共有。本案中，A室的单元地下室并不属于建筑物区分所有权中业主专有部分，而是建筑区划内的公用设施，属于业主共有部分。并且A室所在单元在构造上、功能上具有相对独立性，该单元的地下室能够单独使用，与该单元的业主具有使用上的利害关系，因此该单元的地下室属于该单元全体业主共有。7号小地下室系从A室的单元地下室分隔出来分配给A室业主单独使用的共有部分，其性质仍属于业主共有。张某清、袁某萍辩称7号小地下室不属于业主共有部分及其二人可自行处置的意见，缺乏事实和法律依据，法院不予采纳。

二、关于被告张某清、袁某萍是否应将7号小地下室交付原告高某清、戴某晴的问题。法律规定，业主对共有部分享有共有和共同管理的权利。业主转让建筑物内的住宅、经营性用房，其对共有部分享有的共有和共同管理的权利一并转让。法院认为，从维护小区公共秩序和业主利益的角度来说，业主转让专有部分时，不仅其对共有部分享有的共有和共同管理的权利一并转让，而且其基于业主共同管理约定所享有的共有部分专有使用权也应当一并转让，既有的共同管理约定对继受取得业主权利的房屋受让人继续有效，房屋转让人应当协助将其独占使用的共有部分交付于受让人。本案中，张某清、袁某萍基于共同管理合意独占使用7号小地下室，张某清、袁某萍向高某清、戴某晴转让A室房屋，7号小地下室的独占使用权应当一并转让，张某清、袁某萍应当协助将7号小地下室交付于高某清、戴某晴。因此，对于高某清、戴某晴要求确认7号小地下室归其二人使用以及要求张某清、袁某萍腾空并交付7号小地下室的诉讼请求，法院予以支持。张某清、袁某萍辩称房屋买卖合同没有约定转让7号小地下室，其二人不应当向高某清、戴某晴交付7号小地下室的意见，缺乏事实和法律依据，不予采纳。

三、关于原告高某清、戴某晴主张的占有使用费如何认定的问题。法律规定，当事人一方不履行合同义务或者履行合同义务不符合约定的，应当承担继续履行、采取补救措施或者赔偿损失等违约责任。本案中，被告张某清、袁某萍拒绝向高某清、戴某晴交付7号小地下室构成违约，高某清、戴某晴有权要求张某清、袁某萍赔偿损失。双方对7号地下室的交付期限未作约定，高某清、戴某晴可以随时要求张某清、袁某萍履行，但是应当给予张某清、袁某萍一定准备时间。高某清、戴某晴2020年8月24日要求张某清、袁某萍于月底前腾空并交付7号小地下室，张某清、袁某萍未及时履行义务，因此占有使用费应从2020年9月1日起计算。综合考量7号小地下室的性质、面积、用途等因素，酌定按180元/月的标准计算。鉴于张某清、袁某萍取得7号小地下室使用权时支出了相应费用，为减少当事人的诉累，法院确定截至2020年12月22日的占有使用费与张某清、袁某萍支出的费用相抵，张某清、袁某萍无需再支付该期间的占有使用费。

综上，江苏省南京市江宁区人民法院依照《中华人民共和国合同法》第六十条、第一百零七条，《中华人民共和国物权法》第七十条、第七十二条、第七十三条的规定，于2020年12月30日作出判决：

一、南京市江宁区东山街道宏运大道2199号山水方舟雅苑×幢A室的单元地下室中的7号小地下室归原告高某清、戴某晴使用；

二、被告张某清、袁某萍于本判决发生法律效力之日起十日内腾空并将南京市江宁区东山街道宏运大道2199号山水方舟雅苑×幢A室的单元地下室中的7号小地下室交付于原告高某清、戴某晴；

三、被告张某清、袁某萍于本判决发生法律效力之日起十日内向原告支付高某清、戴某晴占有使用费（自2020年12月23日起，按180元/月的标准计算至被告张某清、袁某萍将南京市江宁区东山街道宏运大道2199号山水方舟雅苑×幢A室的单元地下室中的7号小地下室交付于原告高某清、戴某晴之日止）；

四、驳回原告高某清、戴某晴的其余诉讼请求。

一审宣判后，双方当事人均未上诉，一审判决已发生法律效力。

## 【新旧法律依据对照】

| 旧法 | 新法 |
| --- | --- |
| 《合同法》<br>**第六十条**<br>当事人应当按照约定全面履行自己的义务。<br>当事人应当遵循诚实信用原则，根据合同的性质、目的和交易习惯履行通知、协助、保密等义务。 | 《民法典》<br>**第五百零九条**<br>当事人应当按照约定全面履行自己的义务。<br>当事人应当遵循诚信原则，根据合同的性质、目的和交易习惯履行通知、协助、保密等义务。<br>当事人在履行合同过程中，应当避免浪费资源、污染环境和破坏生态。 |

续表

| 旧法 | 新法 |
| --- | --- |
| 《合同法》<br>第一百零七条<br>当事人一方不履行合同义务或者履行合同义务不符合约定的，应当承担继续履行、采取补救措施或者赔偿损失等违约责任。 | 《民法典》<br>第五百七十七条<br>当事人一方不履行合同义务或者履行合同义务不符合约定的，应当承担继续履行、采取补救措施或者赔偿损失等违约责任。 |
| 《物权法》<br>第七十条<br>业主对建筑物内的住宅、经营性用房等专有部分享有所有权，对专有部分以外的共有部分享有共有和共同管理的权利。 | 《民法典》<br>第二百七十一条<br>业主对建筑物内的住宅、经营性用房等专有部分享有所有权，对专有部分以外的共有部分享有共有和共同管理的权利。 |
| 《物权法》<br>第七十二条<br>业主对建筑物专有部分以外的共有部分，享有权利，承担义务；不得以放弃权利不履行义务。<br>业主转让建筑物内的住宅、经营性用房，其对共有部分享有的共有和共同管理的权利一并转让。 | 《民法典》<br>第二百七十三条<br>业主对建筑物专有部分以外的共有部分，享有权利，承担义务；不得以放弃权利为由不履行义务。<br>业主转让建筑物内的住宅、经营性用房，其对共有部分享有的共有和共同管理的权利一并转让。 |
| 《物权法》<br>第七十三条<br>建筑区划内的道路，属于业主共有，但属于城镇公共道路的除外。建筑区划内的绿地，属于业主共有，但属于城镇公共绿地或者明示属于个人的除外。建筑区划内的其他公共场所、公用设施和物业服务用房，属于业主共有。 | 《民法典》<br>第二百七十四条<br>建筑区划内的道路，属于业主共有，但是属于城镇公共道路的除外。建筑区划内的绿地，属于业主共有，但是属于城镇公共绿地或者明示属于个人的除外。建筑区划内的其他公共场所、公用设施和物业服务用房，属于业主共有。 |

## 【法律适用指引】

### 法律适用指引一

全面履行原则

所谓全面，是完整、完备的意思。首先合同全面履行原则主要是指合同当事人应当根据合同的约定履行义务，包括标的数量、质量、规格、价款、地点、期限、履行方式等。合同法的规范主要是任意性规范，合同有约定的首先应当根据合同约定确定当事人的义务，换言之，首先应根据合同约定的义务确定当事人的履行义务。如果合同没有约定或者约定不明确，则按照法定的填补漏洞的方法作出履行也属于全面履行的范围。任何仅仅部分履行合同的行为都会构成合同义务的违反，都要承担违约责任。

其次，全面履行是指对于债务人全部义务的履行，包括先合同义务、主给付义务、从给付义务、附随义务、不真正义务等，都要按法律规定或约定履行。《民法典》第五百零九条第二款规定了基于诚信原则所产生的附随义务，故在此先着重介绍基于合同约定所产生的给付义务，即合同内容最重要的部分。给付，指债之关系上特定人间得请求的特定行为，不作为亦得为给付。给付具有双重意义，指给付行为或给付效果。给付义务分为主给付义务和从给付义务。主给付义务，是决定合同性质和类型的依据，因此是决定合同成立的必要条件（条款），合同未约定主给付义务或者约定不明确且难以通过补充方法予以明确的，应当认定合同不成立。从给付义务系补助主给付义务，保障合同目的圆满实现。从给付义务之发生，可由法律明文规定，亦可依据诚信原则、合同目的和交易习惯解释认定，也可由合同约定。主给付义务系合同义务中最核心的内容，从给付义务可以理解为主给付义务外层的一种义务。附随义务是从给付义务之外，更外围的一层义务。上述各种义务，债务人均应全部履行。不履行主给付义务，构成根本违约，可发生法定解除权；不履行从给付义务，不构成根本违约，不发生法定解除权，仅发生违约责任。

最后，双方合同中的同时履行原则。同时履行是双务合同的当事人在合同无先后履行顺序的情况下所应承担的基本义务。《民法典》第五百二十五条中规定，当事人互负债务，没有先后履行顺序的，应当同时履行。这是全面履行原则在双务合同中的体现。该原则在域外立法例中也得到认可。《国际商事合同通则》第 6.1.4 条规定，在当事人各方能够同时履行的限度内，当事人各方应同时履行其合同义务，除非情况有相反的表示。在双务合同中，双方当事人互负义务，所以就产生了一个基本的但却是复杂的问题，即应该由哪方当事人先行履行？如果双方当事人没有对此作出明确的规定，则实践中履行顺序主要依据惯例而定。这么规定的主要目的是引起合同当事人对履行程序的注意，并且鼓励他们在必要时拟定合适的合同条款对此问题作出规定。

概言之，全面履行原则是一项内容极为广泛、含义十分丰富的原则，由于合同履行是合同法的核心，所以全面履行原则也是合同履行中的首要原则。

---

### 法律适用指引二

诚信原则

---

诚信，是市场经济活动中形成的道德规则。法律将诚信确立为基本原则，实为法律吸收道德观念的典型表现。诚信原则，起源于罗马法的最大善意制度，最早主要是作为没有法定的交易行为的诉讼基础，后来被用于作为法律关系中个别义务的标准。《法国民法典》规定“合同应以善意履行之”，《德国民法典》将诚信作为债之履行的基本原则，《瑞士民法典》进一步扩大到一切权利的行使和一切义务的履行。从我国的立法例看，《民法典》第七条规定，民事主体从事民事活动，应当遵循诚信原则，秉持诚实，恪守承诺。《民事诉讼法》第十三条第一款规定，民事诉讼应当遵循诚实信用原则。诚信原则不仅是我国民法的基本原则，同

时也是民事诉讼法的基本原则，真正成为“帝王原则”。可以说，从要约承诺开始到合同订立、履行、合同终止之后，当事人都应当严格依据诚信原则行使权利履行义务；直至在诉讼过程中，都要遵循诚信原则，对于虚假诉讼行为，法院将予以制裁。

《民法典》五百零九条第二款规定的当事人的“通知、协助、保密等义务”，法律上称为“附随义务”。所谓“附随”，是相对于合同中约定的当事人的“给付”义务而言的，附随义务是为了辅助实现债权人的给付利益。包括当事人为缔结合同在磋商过程中的说明、告知义务，在合同履行过程中的保护、协助义务，以及合同终止后的通知、保密义务等。附随义务并非源于合同当事人的约定，而是诚信原则在合同履行过程中的具体体现，由法律对当事人的相关履行行为细节进行规范。附随义务本质上是附加的行为义务，已经脱离了给付的范畴，属于债务的范畴，即更加强调履行行为本身，而并不要求特定结果的出现，所以附随义务本身并无独立的可诉性，相对人不能单独主张实际履行。附随义务的具体形态包括但不限于通知义务、协助义务、保密义务、保护义务、照顾义务等。

附随义务与给付义务的区别，有以下三点：第一，主给付义务自始确定，并决定债之关系的类型。附随义务系随着债之关系的发展，于个别情况要求一方当事人有所作为或不作为，以维护相对人的利益，于任何债之关系（尤其是契约）均可发生，不受特定债之关系类型的限制。第二，主给付义务构成双务契约的对待给付，一方当事人于他方当事人未为对待给付前，得拒绝自己之给付。反之，附随义务原则上非属对待给付，不发生同时履行抗辩。第三，因给付义务的不履行，债权人得解除契约。反之，附随义务的不履行，债权人原则上不得解除契约，但就其所受损害，得依不完全给付规定，请求损害赔偿。另外，就两者的关系而言，附随义务可以促进实现主给付义务，使债权人的给付利益获得最大可能的满足（辅助功能），或者能够维护对方当事人人身或财产上的利益（保护功能），有的附随义务兼具上述两种功能。

概言之，按照传统民法理论，合同义务出于当事人的约定，在合同中有约定就有义务，没有约定就没有义务。该款规定突破了传统理论，合同义务之发生，不限于当事人的约定，该种合同义务叫附随义务，系直接根据诚信原则、合同的性质和目的及交易习惯产生，涵盖了合同的订立、履行、善后的全过程，可以细化为先合同义务、合同履行中的附随义务、后合同义务。

## 法律适用指引三

业主的概念及法律地位

根据《民法典》第二百七十一条规定，依法享有建筑物区分所有权的权利主体是业主。因此，有必要对业主进行简单的介绍。业主的概念来自我国香港特别行政区，《香港建筑物管理条例》第三百四十四章第二条规定，业主指所有权人。随着内地房地产市场的发展和市场化程度日益提高，业主这一称谓传入内地，逐渐成为物业产权者的代名词，并最终为法律法规所承认。从法律法规制定情况看，较早规定业主问题的是《物权法》和《物业管理条例》。《物业管理条例》第六条第一款规定，房屋的所有权人为业主。从《物权法》第七十条等条文的规定内容看，也是将业主等同于建筑物专有部分的所有权人。《民法典》制定过程中，《民法典》第二百七十一条规定保留了《物权法》第七十条的内容，对业主的身份界定未予明确。

需要指出的是，为适应审判实际，《最高人民法院关于审理建筑物区分所有权纠纷案件适用法律若干问题的解释》和《最高人民法院关于审理物业服务纠纷案件适用法律若干问题的解释》中，在尊重立法原意的前提下，对业主身份的界定问题作出了一些更为具体的特别规定。《最高人民法院关于审理建筑物区分所有权纠纷案件适用法律若干问题的解释》第一条第一款规定："依法登记取得或者根据《民法典》第二百二十九条至第二百三十一条规定取得建筑物专有部分所有权的人，应当认定为《民法典》第二编第六章所称的业主。"简单地说，凡依法经登记或其他符合法律规定取得物业所有权的人是业主，其法律地位是得到法律确认并予保障的。除通常经登记原始取得所有权的人以外，还包括依据生效法律文书、继承或者受遗赠，以及合法建造房屋等事实行为取得专有部分所有权的人。《最高人民法院关于审理建筑物区分所有权纠纷案件适用法律若干问题的解释》第一条第一款规定的业主，与前述《物权法》《物业管理条例》中所称的业主，含义相同，均指就建筑物专有权部分已经取得所有权的权利主体。

不过，在现实生活中，基于与建设单位之间的商品房买卖民事法律行为，房屋买受人在已经合法占有使用专有部分的情况下，仍未依法办理所有权登记的情形大量存在。而且未能完成依法登记程序的原因又十分复杂，主要有：第一，建设单位尚未办理大产权，直接导致买受人无法办理专有部分的所有权登记；第二，登记往往需要一个过程，在最终完成之前，买受人无法依登记取得所有权；第三，由于买受人自身的原因拖延办理专有部分所有权登记。在此情况下，如果仅以是否已经依法登记取得所有权作为界定业主身份的标准，将与现实生活产生冲突，并有可能对前述人群应当享有的权利造成损害。这部分人对共有部分的利用以及共同管理权的行使需求更为强烈，与其他业主之间的联系程度也更为直接和紧密，因此有必要对其“业主身份”问题进行特别规定。有鉴于此，《最高人民法院关于审理建筑物区分所有权纠纷案件适用法律若干问题的解释》第一条第二款作出了特别规定：“基于与建设单位之间的商品房买卖民事法律行为，已经合法占有建筑物专有部分，但尚未依法办理所有权登记的人，可以认定为民法典第二编第六章所称的业主。”我们认为，这样的规定符合物权法的立法精神，既可以有效地统一司法评价标准，又适应现实生活。同时，还可以引导这部分人及时办理物权登记。

---

### 法律适用指引四

建筑物区分所有权

---

现代社会中，建筑物不断向多层或高层发展，一般消费者只能购买

其中的一部分，如此一来就产生了一幢不可分割的建筑物的不同部分为多人所有，不同的民事主体就其购买的房屋享有单独的所有权，即建筑物区分所有权。建筑物区分所有权制度作为一项重要的物权制度，因直接关系到业主的切身利益而备受关注。一物一权是传统物权法理论中的一项基本原则，建筑物区分所有权的出现，是对该传统理论的突破，是一物一权原则或物的一部分不能成为独立权利客体一般原则的例外。围绕对建筑物区分所有权的认识和界定，形成了众多观点和学说。从形成以及发展过程来看，主要有以下几种学说：

在审判实践中，应注意以下问题：

第一，建筑物区分所有权的专有部分除住宅和经营性用房之外，尚有其他内容《民法典》第二百七十一条列举未尽。在立法未予明确的情况下，对于“等”字具体所指内容，实践中应结合具体情况作出判断。例如，可以根据司法解释关于判定建筑物专有部分应当具备的要件入手，从是否有构造上的独立性、使用上的独立性以及法律上的独立性进行对照，进而作出认定。

第二，要正确理解司法解释就业主范围问题所作的特别规定。前述司法解释是一种特别处理，其出发点是考虑到登记实践中客观存在的种种特殊情况，解释目的是更好地兼顾当事人的权利，以避免与社会公众的一般判断标准相悖，维护业主生活共同体的稳定。因此，建筑物专有部分所有权人一定是业主，但是不能反推，即不能得出业主当然地就是专有部分所有权人的结论。

第三，依法享有建筑物区分所有权的权利主体，并非仅限于自然人。《民法典》中的民事主体，能够享受民事权利、承担民事义务，可以有业主身份的，既可以是自然人，也可以是法人、非法人组织等。

## 法律适用指引五

关于建筑物区分所有权中的共有部分

“区分所有建筑物及附属物之共同部分，实即为专有部分以外之建筑物其他部分。”[①] 共有部分是建筑物区分所有的核心问题，建筑物区分所有权人对共有部分的所有权称为共有所有权，为表述方便，有时也称共有权。理论界对建筑物区分所有权中共有权的法律性质的理解存在很大的争议，有观点认为全部是共同共有性质，有的认为是按份共有性质，有的认为应当按建筑物不同类型来决定是共同共有还是按份共有，还有的观点认为需要根据具体使用情况来确定共有部分的性质，即如果共有使用的财产不能具体将哪一部分的财产确定为他人使用，也不能按照一定的份额确定使用范围的，该财产为共同共有性质，不一而足。我们可以不过于陷入学理上的争论，但需要注意的是，建筑物区分所有权中包含的共有权，有自身的独特性，与传统民法理论和《民法典》物权编第八章专门规定的共有问题有很大的差别。传统共有在某种程度上足以反映所有权制度的变迁及社会经济的发展，是指两个或者两个以上的单位或者个人对同一不动产或者动产享有所有权。建筑物区分所有权人对共有部分的共有权，是指区分所有权人依据法律、合同以及区分所有权人之间的规约，对建筑物的共用部分、基地使用权、小区的公共场所和公共设施等所共同享有的财产权利。该共有权在性质上既不是传统共有中的按份共有，也不是共同共有，它是一种特殊的共有。[②]

关于共有部分的含义和具体范围，立法并未明确。实际生活中具体类型比较复杂，划分的标准也不相同。如根据共有产生的原因可分为法定共有和约定共有，根据共有的客体是财产还是权利可分为一般共有和准共有，根据共有人的范围，可分为小区内全体业主的共有、某一栋建筑物内全体业主的共有、特定单元或者特定几个业主的共有。对不同类型的共有的确定，有时需要根据不同的财产情况来考虑。为解决审判实际需要，《最高人民法院关于审理建筑物区分所有权纠纷案件适用法律若干问题的解释》第三条分两款，对共有部分问题进一步明确。该条第一款规定：“除法律、行政法规规定的共有部分外，建筑区划内的以下部

① 谢在全：《民法物权论》（上），中国政法大学出版社 1999 年版，第 209 页。

② 最高人民法院民一庭编著：《最高人民法院建筑物区分所有权、物业服务司法解释理解与适用》，人民法院出版社 2009 年版，第 59 页。

分，也应当认定为物权法第六章所称的共有部分：（一）建筑物的基础、承重结构、外墙、屋顶等基本结构部分，通道、楼梯、大堂等公共通行部分，消防、公共照明等附属设施、设备、避难层、设备层或者设备间等结构部分；（二）其他不属于业主专有部分，也不属于市政公用部分或者其他权利人所有的场所及设施等。”同时，该条第二款规定：“建筑区划内的土地，依法由业主共同享有建设用地使用权，但属于业主专有的整栋建筑物的规划占地或者城镇公共道路、绿地占地除外。”因此，我们在司法实务中，对建筑物区分所有权之下存在的共有部分的范围问题，可以理解如下：（1）法定共有部分，即法律、行政法规明文规定属于业主共有的部分。如作为建筑物的基本构造部分，维持建筑物的安全及其外观所必要的支柱、屋顶、外墙或地下构造等。另外，根据《民法典》第二百七十四条的规定，以下均属于法定共有部分：建筑区划内的道路，属于业主共有（确定属于城镇公共道路的除外）；建筑区划内的绿地，属于业主共有（属于城镇公共绿地或者明确属于个人的除外）；建筑区划内的其他公共场所、公用设施，属于业主共有；物业服务用房属于业主共有。（2）天然共有部分，是指法律没有明文规定，当事人合同中也没有约定，但其属性上天然属于共有的部分，包括建筑物的基本结构部分、公共通行部分、公共设施设备部分和公共空间等，如基于建筑物的特性而当然存在的楼梯间、消防设备、走廊、水塔、自来水管道等。（3）约定共有部分，除以上所述法定共有、天然共有部分外，还存在着既不属于业主专有的部分，也不属于市政公用部分或者其他权利人所有的场所和设施等，此类共有均属于约定共有。此外，建筑区划内的土地，排除一些有明确规定和当事人约定的情形外，依法由全体业主共同享有建设用地使用权。特别是当发生建筑区划内归业主共同享有使用权的土地被征收后给予的补偿费用，利用小区内土地在规划外建设车位而获取的收益等，都应当属于业主共有。

## 法律适用指引六

### 业主共有权的权利义务内容

业主对专有部分以外的共有部分享有权利、承担义务包括两部分内容：一是业主对共有部分享有共有权；二是业主对共有部分享有共同管理的权利。业主对共有部分享有的共有权，包括占有、使用、收益和处分的权利，但是实际生活中较多涉及的，主要还是使用权和收益权。对共有部分的使用权是建筑物区分所有权人作为共有所有权人的一项基本权利，它是区分所有权人在内部关系时的权利。对于行使共有部分的使用权的方式，各国一般规定将共有部分之使用区分为共同使用和轮流使用两种。即按照共有部分的使用功能，对共有部分能够同时使用的，可以共同使用，对共有部分不能同时使用的，可以轮流使用。对共有部分的收益权是指依管理规约或区分所有权人享有的专有所有权所确定的对共有部分的持份权，共有所有权人享有的取得因共有部分所生利益的权利。具体如何行使这些权利，还要依据相关法律、法规和建筑区划管理规约的规定。例如，《民法典》第二百八十三条规定，建筑物及其附属设施的费用分摊、收益分配等事项，有约定的，按照约定；没有约定或者约定不明确的，按照业主专有部分面积占建筑物总面积的比例确定。业主对专有部分以外的共有部分不仅享有共有的权利，还享有共同管理权，如业主有权对共用部位与共用设备设施的使用、收益、维护等事项行使管理的权利。《民法典》第二百八十七条、第二百八十四条等，对业主管理权的主要内容和行使管理权的方式等问题，都作出了进一步规定。

业主对共有部分享有的共有权，可以说既是业主的权利，某种意义上也是业主基于共有权而产生的应予注意和履行的义务，要相应地承担对共有部分的共负义务，不能逃避。业主对共有部分如何承担义务，也要依据相关法律、法规和建筑区划管理规约的规定。例如，依据《民法典》第二百八十六条的规定，业主对共有部分承担的义务有，不得在共有部分任意弃置垃圾、违章搭建，不得随意侵占通道等。由于业主对专有部分以外的共有部分既享有权利，又负有义务，有的业主可能以放弃权利为由，拒不履行义务。对此，《民法典》第二百八十六条中明确规定，业主不得以放弃权利为由不履行义务。业主不得为了拒绝支付共有财产维护维修的费用，而表示放弃对共有财产的权利，也不得以其未“实际使用”等为由而拒绝支付费用。例如，业主不得以不使用电梯为由，不交纳电梯维修费用；在集中供暖的情况下，不得以冬季不在此住宅居住为由，不交纳暖气费用。

## 【类案裁判观点】

### 类案裁判观点一

关于业主共有部分转让法律后果的规定

业主的建筑物区分所有权是一个集合权，包括对专有部分享有的所有权、对建筑区划内的共有部分享有的共有权和共同管理的权利，这三种权利具有不可分离性。在这三种权利中，业主对专有部分的所有权占主导地位，是业主对专有部分以外的共有部分享有共有权以及对共有部分享有共同管理权的前提与基础。没有业主对专有部分的所有权，就无法产生业主对专有部分以外共有部分的共有权，也无从谈起对共有部分的共同管理权。也就是说，在建筑物区分所有的状态下，区分所有权人所享有的共有权与其对专有部分所享有的单独所有权是密切联系在一起的，如果业主丧失了对专有部分的所有权，也就丧失了对共有部分的共有权及对共有部分的共同管理的权利。这一点是由建筑物区分所有权中共有权的从属性特征所决定的，它产生于建筑物区分所有权人对专有部分的专有权，随着专有权的产生而产生，随着专有权的变动而变动，既不能独立存在，也不能单独地转让和继承。只有在取得了专有部分的所有权之后，才能相应地取得共有权。[①] 因此《民法典》第二百七十三条第二款规定，业主转让建筑物内的住宅、经营性用房，其对共有部分享有的共有和共同管理的权利一并转让。[②] 即建筑物区分所有权所包含的三项权利具有整体性，业主在转让其位于建筑物内的住宅、经营性用房时，其因专有权取得而享有的对共有部分的共有和共同管理的权利将一并发生转让，不能与转让的专有部分发生分离或单独保留所有权。

第一，在建筑物区分所有情况下，对区分所有权人主张优先购买权的应如何处理？《房地产管理法》等法律均规定了按份共有人在其他共有人转让财产时，在同等条件下有优先购买的权利。建筑物区分所有权与传统共有存在明显差异：（1）从性质上看，建筑物区分所有权将一幢建筑物区分为专有部分和共有部分，形成了一种特殊类型的不动产所有权，其性质是复合共有，既强调整幢建筑物的按份共有性质，又强调区分所有部分的专有性和共同部分的互有性，既不是传统共有理论的共同共有，也不同于按份共有；（2）从权利变动上看，区分所有权的得失变更决定于专有所有权的变更，而一般的共有权变更，则以各共有人的独立行为而产生；（3）从标的物的分割上看，区分共有所有权的标的不得请求分割，而一般共有的标的物，共有权人有权请求按其所有份额进行分割。由此可见，建筑物区分所有权人虽然对共有部分享有共有权，但专有部分则形成单独的所有权，共有中不包括单独的所有权。即一个区分所有权人不能对他人的专有部分享有共有权，同时，共有权在区分所有权结构中处于从属地位，取得专有权就取得对共有部分的共有权，处分了专有权，共有权部分也随之被处分。因此，区分所有权人处分其专有部分，不需经得其他区分所有权人同意，其他区分所有权人没有优先购买权。

第二，注意与“共有部分专有使用权”的区分。所谓“共有部分专有使用权”，是指根据法律规定和区分所有权人约定，某一个或数个区分所有权人享有排他独占使用共有部分的权利。共有部分专有使用权主体为特定区分所有权人或特定第三人，产生方式有以下三种：（1）全体区

---

① 陈华彬：《物权法》，法律出版社 2004 年版，第 274 页。

② 胡康生主编：《中华人民共和国物权法释义》，法律出版社 2007 年版，第 170~172 页。

分所有权人共同约定而产生，如允许某人在外墙悬挂广告牌，楼顶由某人加盖房屋；（2）商品房开发商在出售商品房时，保留了某一部分（如地下停车场）的所有权，以后在这一部分上设立专有使用权；（3）区分所有权人经全体同意将某些共有财产提供给区分所有权人以外的其他人使用。需要注意的是，并非所有的共有部分均可设定专有使用权。在构造上若有固定的使用方法，而且属于区分所有权人生活利用上不可或缺的共有部分，如公共楼梯、公共走廊等，不得设定专有使用权。[①]

第三，关于人防工程的权属问题。城镇建设过程中，建有大量的人防工程，其权属如何认定，《民法典》中未予涉及。人防工程包括为保障战时人员与物资掩蔽、人民防空指挥、医疗救护等而单独修建的地下防护建筑，以及结合地面建筑修建的战时可用于防空的地下室。我国对人防工程实行多元投资，即不仅仅由国家兴建，而且在城市商品房开发当中也要求开发商为了国防利益和国家安全应修建一定的地下防空工事。例如，为配套建设人防工程，有的地方在土地出让时政府进行地价减免；有些地方的政府给予建设单位其他的优惠措施，也有完全由建设单位和业主投资兴建。因此，判断人防工程的产权归属，应当视具体情况而定，既不能简单地认定都属于国家所有，也不能全部认定归建设单位所有或全体业主所有。人民法院在审理这类案件时，可以参照上述观点处理。对于实践中有的人防工程变更用途为地下车库的，其权属应当按照人防工程的权属规则来处理，而不能按照车库的权属规则来处理。[②]

---

① 参见最高人民法院物权法研究小组编著：《〈中华人民共和国物权法〉条文理解与适用》，人民法院出版社 2007 年版，第 228 页。

② 最高人民法院民一庭编著：《最高人民法院建筑物区分所有权、物业服务司法解释理解与适用》，人民法院出版社 2009 年版，第 78 页。

## 类案裁判观点二

关于建筑区划内的道路和绿地权属问题

首先，一般情形下，建筑区划内的道路和绿地，通常情况下归业主共有。依建筑物区分所有权法理，建筑区划内的道路、绿地属于小区共有物业中的共有配套设施。其次，特殊情况下，建筑区划内的某部分道路和绿地，不属于业主共有。具体而言，有些道路性质上系城镇道路，权属应当归市政所有。在一些占地面积广、建筑物数量多的超大型的建筑群内，有时会有城区主干线道路通过，这些道路并不归小区业主所有。有些绿地性质上属于城镇绿地，应归市政所有，还有一些应当归个别业主所有的绿地。当然，也有观点认为，小区道路与绿地的任何部分均应归业主所有，如果考虑公益使用，应由政府在国有土地使用权出让合同中设定其中地块的公共地役权，而不能变更建筑规划区内道路与绿地的业主共有权的性质。我们认为，建筑区划内的道路、绿地的权属问题不能一概而论。城镇公共道路、城镇公共绿地的法律属性为市政公用场地，依法规定其所有权属于国家，由相应的政府行政主管部门行使管理权限，承担建设、维护、更换等义务符合现行立法关于权属划分的规定，亦符合目前阶段我国建筑物区分所有权制度设计的实际情况。另外，现实生活中，存在诸多建设单位销售住宅、经营性用房时将特定部分绿地以买卖、赠与等方式进行了处置，建筑区划内存在非归属于业主共有的绿地是客观存在。对此类客观存在予以确认，也有利于社会生活稳定。关于明示属于个人的绿地，多指一层建筑物单元窗前绿地或者与建筑物毗邻的特定区域内绿地。在商品房买卖合同中，这部分绿地被明确与建筑物专有部分一同销售，归该业主个人专有使用。其特点为该专有使用权同专有部分一同取得，且一并移转让与。其后果表现为建筑规划区内的部分绿地使用权变为个人专有权的附属部分，该专有权人对该块土地使用权承担相应义务，其他业主对此不能再予利用。

**类案裁判观点三**

关于建筑区划内的公用设施、物业服务用房以及其他公共场所权属问题

共有物业指专有部分及专有部分附属物以外的，由业主共同享有所有权的建筑物及其附属物部分。建筑区划内共有物业形成的客观原因是建筑区划内共有物业为住宅、经营性用房的必要配套设施，是业主实现对住宅正常使用所不可缺少的条件，其一般不能独立成为各业主的专有部分及其附属物。建筑区划内共有物业包括共有配套设施和共有基地。其中，共有配套设施是指与建筑区划内建设和使用分不开，依法必须配套修建的，且其建设费用一般已摊进住房销售价格的，由全体业主享有共有权的小区配套设施。具体而言，从自然物理属性和功能用途这两个方面来比较，建筑区划内的道路、绿地、其他公共场所、公用设施及物业服务用房在构造及使用上既具有共有部分非独立性的物理属性，同时在功能用途方面也具有作为共有部分对于全体业主而言的公共性及非排他使用性，因此，建筑区划内道路、绿地、其他公共场所、公用设施及物业服务用房，除例外情形外，只要是按照建筑规划建设的，业主即应享有共有权。换言之，《民法典》第二百七十四条将建筑区划内的道路、绿地、其他公共场所、公用设施、物业服务用房规定为业主共有的理由，是因为建筑区划内的上述配套设施是整个建筑区划环境配套服务所必需的，也是确保建筑物合理利用正常发挥功能所应当达到的标准和条件。

**类案裁判观点四**

业主共有权不是传统民法上的单一所有权形式，而是一种特殊的所有权，即建筑物区分所有权

业主不能单独对这些共有部分进行占有、使用、收益与处分，必须按照建筑物区分所有权的规则来行使基于共有而产生的权利。简言之，

建筑区划内的道路、绿地、其他公共场所、公用设施及物业服务用房所有权依法属于业主共同享有，如何使用和处分这些共有部分和共有设施应由全体业主决定。这里涉及的处分应作广义解释，既包括法律上的处分，也包括事实上的处分。法律上的处分可指转让所有权、设定用益物权或担保物权等。事实上处分包括合理改建等。在共有的情况下，业主不能随意改变建筑区划内道路、绿地的规划，不能影响道路或绿地功能的使用。此外，现实生活中，建设单位对共有部分、共用设施的任意处分时有发生，究其原因是其将建筑区划内的道路、绿地、其他公共场所、公用设施、物业服务用房视为己有，为牟利而擅自作出处分，如在依规划应为绿地的土地上建造房屋，等等，故对建设单位擅自处分业主共有部分权利的行为必须依法依规予以禁止。

# 【案例三】

## 共有人请求分割共有财产时，人民法院不宜判决分割使用权*

### 一、案情简介

田某禾与田某穗系田某某夫妻的养子和养女，二人之间并无血缘关系。2009 年、2010 年，田氏夫妻先后因病死亡。田某某无遗嘱，死亡后其法定继承人亦未实际分割遗产。田某某夫妻生前与养子共同生活，因女儿已移居海外，儿媳与儿子关系不好，曾经起诉离婚，而田某禾之子田某有轻度脑瘫，故田某禾之母立遗嘱将其名下全部房产指定给孙子田某继承。但田氏夫妻的主要遗产是一幢二层德式小楼，建筑面积共计 220 平方米。除较大的门厅外共有 7 个可供居住的房间，但只有一个通向外面的通道和建在其中一间房间中的楼梯，除一个明显为卧室的套间外没有单独的卫生间，只在一层有一个厨房，因此，不具备拆分使用和内部分割后单独进行产权登记的条件。故田某禾与田某穗在办完养母的丧事后，将该幢房屋登记为田某禾、田某穗、田某三人按份共有。

田某穗长期侨居海外，其继承的不动产自己无法使用，因此曾找哥哥田某禾商议，情愿将房屋中自己继承的份额转让给哥哥，请其按照双方分别继承的遗产份额，向自己支付补偿款。田某禾认为，妹妹侨居海外，养父母均由自己长期负责照料，父亲突发疾病死亡，未及留下遗嘱；

---

* 案例来源：最高人民法院民事审判第一庭编：《民事审判指导与参考》2011 年第 3 辑（总第 47 辑）。

母亲立遗嘱将名下房产留给了孙子田某。田某穗一家生活条件优越，又不打算回国定居，这套房屋由自己一家人使用合情合理，再说现在房屋升值，自己和儿子并无经济力量向妹妹支付补偿款，故不同意分割共有财产，但承诺妹妹回国时可以无偿在此居住。因多次协商未果，田某穗遂诉至一审法院，请求法院依照遗嘱判决分割共有房屋。

## 二、法院裁判情况

一审法院经审理查明：案涉房屋为田某禾、田某穗与田某禾之子田某按份共有，其中田某禾占1/6，田某穗占1/6，田某占2/3。按照当地的房地产登记条例，该房屋只能整幢登记，内部也不具备拆分使用的条件。由于案涉房屋坐落在市中心的繁华商业区内，经一审法院委托有资质的房地产评估机构评估，市场价为500万元，其中六分之一即16.67%，为83.35万元。

一审法院认为，田某禾、田某穗与田某三人通过继承对案涉房屋按份共有，其中三人各自所占比例清楚，当事人之间对此亦无争议。根据《物权法》第九十九条的规定，“共有人约定不得分割不动产或者动产，以维持共有关系的，应当按照约定，但共有人有重大理由需要分割的，可以请求分割；没有约定或者约定不明确的，按份共有人可以随时请求分割，共同共有人在共有的基础丧失或者有重大理由需要分割时可以请求分割。因分割对其他共有人造成损害的，应当给予赔偿。”因此，田某穗关于分割按份共有房产的诉讼请求，应当得到支持。鉴于该房屋不具有内部分割后单独进行产权登记的条件，而田某禾、田某确实经济困难，无力向田某穗支付83.37万元补偿款。为了充分发挥案涉房屋的使用价值，判决由田某穗使用案涉房屋一层向阳的一间，与田某禾、田某共用一层的卫生间、厨房和通向街门的走道。田某禾与田某之间仍按不动产登记簿上记载的份额共有。

三方当事人均不服一审判决，提出上诉。田某穗上诉称，一审判决判非所请。自己正是因为已经移居海外多年，无法实际使用继承所得房屋，且与田某禾等协商分割房产不成才提起诉讼的。一审判决只考虑发挥物的使用价值，却没有考虑其本人根本无法使用该物的实际情况。田某禾提出让自己回国时无偿在此居住的办法也是无法接受的，一是自己与田某禾之间其实没有血缘关系，本来就不具有亲兄妹之间的亲密关系，加之父母均已病逝，以后自己回国的机会不多，下一代在国外长大，回国时也不可能与不具有亲情的舅舅或表兄住在一起，故坚决要求法院判令分割继承所得房产的相应价格。田某禾上诉称，一审判决根本无法执行，案涉房产虽然有7个可供居住的房间，但房屋是为一家人居住设计的，如果分割使用，卫生间、厨房和楼梯均不配套。田某穗回国暂住没有问题，但两家人长期住在一起十分不便，而且妹妹也无此需求。田某系残疾人，生活上需要他人照顾。自己一家经济困难，无力支付近百万元的房价款给田某穗，故不同意分割共有财产。田某的上诉请求和理由与田某禾相同。

二审法院审理认为，田氏兄妹与田某对于案涉房屋属于按份共有，个人所占比例清晰无争议。当事人的争议在于如何分割讼争房屋的产权。对于共有关系解体时应当如何分割共有财产，《物权法》第一百条第一款规定："共有人可以协商确定分割方式。达不成协议，共有的不动产或者动产可以分割并且不会因分割减损价值的，应当对实物予以分割；难以分割或者因分割会减损价值的，应当对折价或者拍卖、变卖取得的价款予以分割。"根据这一规定，在案涉房屋不具备拆分使用和内部分割后单独进行产权登记的条件下，不宜强行判决分割房屋的使用权，而是应当判决田某穗将其名下分得的房屋平方米数，归田某禾与田某所有，并根据评估的结果对田某穗应当分得的平方米数折价，由田某禾、田某补偿给田某穗。考虑到田某系残疾人，田某禾一家确有经济困难，故二审法院在调解不成的情况下，最终判决：田某穗名下的1/6的房屋产权归田某禾所有，田某禾自判决发生法律效力之日起60日内，向田某穗支付房价款23.35万元，其余60万元，分三期于次年起每年6月向田某穗支付房价款20万元，直至付清为止。

## 三、主要观点和理由

在一审法院审理该案的过程中，最终形成的多数人意见认为，在以往的实践中，无论是行政管理还是司法审判，对于房屋的产权登记或者房屋分割，多注重房屋在物理构造上的区分。城乡建设环境保护部1987年印发的《城镇房屋所有权登记暂行办法》、原建设部2001年《房屋权属登记管理办法》以及部分地方的房屋登记条例等，都只是规定了申请变更登记所对应的各种情形，如权利人名称、共有房地产分割等，但对于分割后的房屋应具备什么样的登记条件，未作规定，实践中行政部门的操作也比较宽松。但是，近年来新的政策变化是不仅对房屋构造上的独立性有要求，还更加注重房屋的使用功能是否具有独立性，是否能够登记等分割要件。原建设部《房屋登记办法》第十条规定："房屋应当按照基本单元进行登记。房屋基本单元是指有固定界限、可以独立进行使用并且有明确、唯一的编号（幢号、室号等）的房屋或者特定空间。"其实，从法律的本质看，划定私权利的边界范围，不局限于设定权利的行为本身。财产法和财产权具有重要的经济功能，即能激励人们有效地利用资源，从制度上保证资源配置的有效性。从《民法通则》规定的有利生产、方便生活的相邻关系处理原则，到《合同法》所体现的尽量维护合同有效性原则，再到《物权法》所确定的物尽其用原则，均体现了一种在尊重私权利与促进资源有效配置之间的平衡思想。具体到本案，单以物理构造上是否独立为标准来分割房屋，就可能导致房屋的居住使用效能得不到充分发挥，相反还可能导致新的矛盾出现，继而大大阻碍资源配置的有效性。从促进房屋资源的有效利用出发，在案涉房屋不符合产权分割标准的情况下，应当允许在确认共有份额的前提下，对房屋的使用权进行分割。

另一种观点即少数人的意见认为，在分割共有物遇到障碍，致使无法对房屋进行分割的情况下，一般应按照按份共有人所占有的份额，进行折价或者拍卖、变卖后分割取得的款项。另外，设法使不能实际使用房屋的共有人取得相应份额的收益也不失为一种办法，但不能分割房屋的使用权。

我们认为，一审法院少数人的意见是正确的。该院作出了分割案涉房屋使用权的判决。对于一审法院的良苦用心，双方当事人均不满意。该判决的错误主要有以下几点：第一，虽然一审法院了解根据一物一权的原则，案涉房屋由于不具有对不同部分分别登记的条件而不能对产权进行直接分割，却错误地分割了该房屋的使用权。正如田某穗在上诉状中所称，其起诉的目的是分割与其兄田某禾、侄子田某按份共有的房产，而不是请求分割房屋的使用权。法院查明的案情也表明，由于田某穗全家多年前已经移居海外，田某禾又表示同意田某穗回国时无偿在此房屋中居住，因此，双方当事人对该房屋的使用权不存在争议。也是因为田某穗一家不在国内居住，因此，分割使用权对于田某穗来说没有实际意义。对于拥有房屋1/6产权的田某穗来说，其经济意义只有通过出售其拥有的产权，将其变现才能实现其所有权的价值。根据法律规定，房屋的共有人享有优先购买权。而且，考虑到案涉房屋不宜分割使用的实际情况，最好的办法就是由作为共有人的田某禾、田某购买田某穗拥有的房屋份额。一审法院考虑了充分发挥案涉房屋的使用价值，考虑了由于田某禾、田某的经济困难给分割房产带来的难题，试图用分割使用权的办法来解决当事人之间的矛盾，既不符合法律原则，也与当事人的诉讼请求不符。第二，一审法院没能正确把握按份共有的法律特征，特别是混淆了按份共有和分别所有的法律概念。在按份共有中，各共有人的权利不是局限在共有财产的某一部分上，或就某一具体部分单独享有所有权，而是各共有人的权利均及于共有财产的全部。尽管在许多情况下，按份共有人的份额可以产生和单个所有权一样的效力，如共有人有权要求转让其份额。但是各个份额并不是一个完整的所有权，如果各共有人分别单独享有所有权，则共有也就不复存在了。因此，一审法院关于在不变动按份共有人共有份额的前提下，再对房屋各部位的使用权作确认区分的观点是错误的。

比较而言，二审法院以《物权法》关于一物一权和共有物分割的原则为依据，最终判决田某禾取得田某穗在共有财产中的份额并向田某穗支付该部分房屋的补偿款。使案件的处理结果既符合法律规定，又得到了各方当事人的认可。

## 四、最高人民法院民一庭裁判观点

按份共有人请求分割按份共有的不动产，人民法院应当依照《物权法》第一百条确定的原则予以处理。分割时，要考虑房屋是否具有构造上、使用上和登记上的独立性。根据一物一权的原则，对于不符合产权分割标准的不动产，应当对折价或者拍卖、变卖取得的价款予以分割。不能在保持按份共有的前提下，对不动产各部位的使用权进行分割。

## 【新旧法律依据对照】

| 旧法 | 新法 |
| --- | --- |
| 《物权法》<br>**第九十九条**<br>共有人约定不得分割共有的不动产或者动产，以维持共有关系的，应当按照约定，但共有人有重大理由需要分割的，可以请求分割；没有约定或者约定不明确的，按份共有人可以随时请求分割，共同共有人在共有的基础丧失或者有重大理由需要分割时可以请求分割。因分割对其他共有人造成损害的，应当给予赔偿。 | 《民法典》<br>**第三百零三条**<br>共有人约定不得分割共有的不动产或者动产，以维持共有关系的，应当按照约定，但是共有人有重大理由需要分割的，可以请求分割；没有约定或者约定不明确的，按份共有人可以随时请求分割，共同共有人在共有的基础丧失或者有重大理由需要分割时可以请求分割。因分割造成其他共有人损害的，应当给予赔偿。 |
| 《物权法》<br>**第一百条**<br>共有人可以协商确定分割方式。达不成协议，共有的不动产或者动产可以分割并且不会因分割减损价值的，应当对实物予以分割；难以分割或者因分割会减损价值的，应当对折价或者拍卖、变卖取得的价款予以分割。<br>共有人分割所得的不动产或者动产有瑕疵的，其他共有人应当分担损失。 | 《民法典》<br>**第三百零四条**<br>共有人可以协商确定分割方式。达不成协议，共有的不动产或者动产可以分割且不会因分割减损价值的，应当对实物予以分割；难以分割或者因分割会减损价值的，应当对折价或者拍卖、变卖取得的价款予以分割。<br>共有人分割所得的不动产或者动产有瑕疵的，其他共有人应当分担损失。 |

## 【法律适用指引】

### 法律适用指引一

对共有物分割请求权条款的理解

第一，共有物分割约定优先适用。共有人约定不得分割共有的不动产或者动产，以维持共有关系的，应当按照约定。这是约定不得分割的情况。但是共有人之间也可以约定分割。即使共有人就共有物分割形成诉讼，共有人依然可以对共有物的分割达成协议，就分割的期间、方式、分配等达成一致意见。

第二，有重大理由需要分割的，可以请求分割。即使存在不得分割的约定，但如出现重大理由，则允许分割。对于重大理由的理解，一定要把握“重大”二字。例如按份共有人请求分割共有物是为了生活中的急需，如支付教育、医疗费用等，应视为构成重大理由，允许按份共有人请求分割共有物；但如果请求分割共有物是为了奢华消费，则不能构成分割共有物的重大理由。

第三，没有约定或者约定不明确的，按份共有人可以随时请求分割。按份共有与共同共有比较，其基础关系相对不具有紧密性和人身属性。因此在没有约定或者约定不明确时，按份共有人可以随时请求分割，体现按份共有基础关系的财产性较强而人身性较弱的特质。

第四，共同共有人在共有的基础丧失或者有重大理由需要分割时可以请求分割。在共同共有关系中，即使对共有物分割没有约定或者约定不明确的，共有人也不得随意请求分割共有物。盖因共同共有以特殊人身关系为基础。随意允许分割共同共有之物，随时结束共同共有关系，实则是不严肃的态度。因此《民法典》第三百零二条规定，共同共有人在共有的基础丧失或者有重大理由需要分割时才可以请求分割。什么是共有的基础丧失？共同共有的基础是指共有人之间的相互关系，例如夫妻关系、家庭成员关系，基础丧失是指共有人之间的共有关系不存在，即婚姻共同体、家庭共同体的解体等。

《民法典》第三百零三条也规定了出现“重大理由”后共同共有人可以请求分割共有物。“重大理由”主要是指维持生活支出、医疗、教育等费用支出的事由。根据《民法典》第一千零六十六条规定，婚姻关系存续期间，有下列情形之一的，夫妻一方可以向人民法院请求分割共同财产：（1）一方有隐藏、转移、变卖、毁损、挥霍夫妻共同财产或者伪造夫妻共同债务等严重损害夫妻共同财产利益的行为；（2）一方负有法定扶养义务的人患重大疾病需要医治，另一方不同意支付相关医疗费用。

第五，因分割造成其他共有人损害的，应当给予赔偿。因某些法定的特殊原因，共有人分割共有财产，会使共有财产的功能丧失或削弱，降低其价值，有可能给其他共有人造成损害，对此，行使分割请求权的共有人，须对造成的其他共有人的损失承担赔偿责任。

### 法律适用指引二

协议分割的规定

共有物分割协议，属于无名合同，需要全部共有人一致同意。“协商”二字就是必须经共有人全体一致同意的意思。协议分割与共有物的处分与重大修缮有所不同，处分与重大修缮于按份共有中，须有占三分之二以上份额按份共有人同意，但分割协议需要按份共有人一致同意。其理由在于，分割共有物等于结束共有关系，须谨慎对待。

共有物分割协议的形式并无具体要求。书面的、口头的或者其他形式均可以，对分割方式事前同意或事后追认，只要符合合同成立的相关要件，均应认为达成了分割协议。分割协议属于合同的一种，共有人应当按照约定履行。如果共有物分割没有按照约定的协议履行，共有人可以向人民法院起诉，要求执行分割事务的共有人履行分割协议。

## 法律适用指引三

裁判分割的规定

如果不存在分割协议或者达不成分割协议，又存在分割的事由和必要，则只能通过诉讼等裁判途径请求分割。无论是按份共有物的分割还是共同共有物的分割，对全体共有人均有重大利害关系，因此全体共有人均应参与诉讼。原告是提出分割共有物的共有人，被告是其他反对共有物分割的共有人。不反对分割但又不愿意共同作为原告起诉的，应列为被告。

裁判中的共有物的分割方法：共有的不动产或者动产可以分割且不会因分割减损价值的，应当对实物予以分割；难以分割或者因分割会减损价值的，应当对折价或者拍卖、变卖取得的价金予以分割。

1. 实物分割。《民法典》第三百零四条规定，共有的不动产或者动产可以分割且不会因分割减损价值的，应当对实物予以分割。从顺序上，在达不成分割协议的情况下，实物分割应作为首选的共有物分割方式。实物分割无需进行变卖程序，也不增加变卖的费用。在条件上，实物分割须满足两个条件：一是共有物具有物理上的可分割性。二是分割不会减损共有物的价值。例如房屋若干、粮食若干，即可以按照共有人之人数进行分割。

2. 折价分割。折价分割是指由共有人中的一人或数人取得共有物的所有权，并向其他共有人按照份额比例支付补偿款或者其他对价的分割方式。折价分割必然涉及共有物的价值评估，因此折价分割原则上会邀请价值评估机构参与，产生估值费用，同时在共有物分割的及时性上也可能有影响。

3. 变价分割。变价分割是指将共有物转为货币形式价金，共有人就价金按比例分割。变价分割要满足一定的条件：一是实物分割不具有物理上的可行性，或者实物分割会减损价值，不具有经济性。例如共有的汽车一辆，例如共有的宝石一块，虽然可以分割，但是分割将会降低其经济价值。二是通过拍卖、变卖方式将共有物变为价金。变价分割本身将会产生一定的交易费用，同时需要一定的时间，可能会影响共有人的权利的实现。

《民法典》第三百零四条第二款规定，共有人分割所得的不动产或者动产有瑕疵的，其他共有人应当分担损失。本款的规定不仅仅适用于裁判分割，也适用于协议分割。须注意的是，无论是协议分割还是裁判分割共有物，共有人分割所得的不动产或者动产有瑕疵的，其他共有人应当分担损失。这里的瑕疵，既包括权利瑕疵也包括物之瑕疵。

共有物分割法律意义在于：在未分割之前，按份共有人的份额为抽象的份额，但是分割之后，共有人就其分割所得本部分单独成立所有权。换言之，随着分割的结束，份额从抽象变为具体。不无疑问的是，共有物的分割是否可以进行部分分割？例如共有人之一提出分割，按照协议该共有人取得共有物之应有份额部分，但是其他共有人仍然不愿意终结共有关系，于是其他共有人继续保持共有关系。

# 二、担保物权

## 【案例四】

# 黑龙江北大荒投资担保股份有限公司与黑龙江省建三江农垦七星粮油工贸有限责任公司、黑龙江省建三江农垦宏达粮油工贸有限公司等担保合同纠纷案*

### 【裁判摘要】

同一债权上既有人的担保，又有债务人提供的物的担保，债权人与债务人的共同过错致使本应依法设立的质权未设立，保证人对此并无过错的，债权人应对质权未设立承担不利后果。《物权法》第一百七十六条对债务人提供的物保与第三人提供的人保并存时的债权实现顺序有明文规定，保证人对先以债务人的质物清偿债务存在合理信赖，债权人放弃质权损害了保证人的顺位信赖利益，保证人应依《物权法》第二百一十八条的规定在质权人丧失优先受偿权益的范围内免除保证责任。

---

* 案例来源：《最高人民法院公报》2018 年第 1 期（总第 257 辑）。

## 最高人民法院民事裁定书

（2017）最高法民申925号

再审申请人（一审原告、二审上诉人）：黑龙江北大荒投资担保股份有限公司。住所地：黑龙江省哈尔滨市南岗区嵩山路33号中融国际大厦27-28层。

法定代表人：魏某林，该公司总经理。

委托诉讼代理人：全某，黑龙江胜德利律师事务所律师。

委托诉讼代理人：魏某丽，黑龙江胜德利律师事务所律师。

被申请人（一审被告、二审上诉人）：黑龙江省建三江农垦七星粮油工贸有限责任公司。住所地：黑龙江省佳木斯市富锦市建三江铁南开发区。

法定代表人：刘某本，该公司总经理。

委托诉讼代理人：孙某，黑龙江孟繁旭律师事务所律师。

被申请人（一审被告、二审上诉人）：黑龙江省建三江农垦宏达粮油工贸有限公司。住所地：黑龙江省佳木斯市富锦市七星农场场部第十三街坊。

法定代表人：刘某峰，该公司经理。

委托诉讼代理人：孙某，黑龙江孟繁旭律师事务所律师。

被申请人（一审被告、二审上诉人）：黑龙江省建三江农垦华龙粮油工贸有限责任公司。住所地：黑龙江省佳木斯市富锦市建三江铁南工业开发区。

法定代表人：刘某光，该公司经理。

委托诉讼代理人：孙某，黑龙江孟繁旭律师事务所律师。

被申请人（一审被告、二审上诉人）：黑龙江省建三江农垦稻福米业有限公司。住所地：黑龙江省佳木斯市富锦市建三江分局热电厂内。

法定代表人：张某国，该公司经理。

委托诉讼代理人：孙某，黑龙江孟繁旭律师事务所律师。

一审被告：黑龙江省建三江农垦三江缘米业有限责任公司。住所地：黑龙江省富锦市建三江铁北区佳抚南侧31号。

法定代表人：邵某玲，该公司经理。

一审被告：邵某玲，女，汉族，黑龙江省建三江农垦三江缘米业有限责任公司经理，住黑龙江省富锦市。

一审被告：徐某军，男，汉族，黑龙江省建三江农垦三江缘米业有限责任公司股东，住黑龙江省富锦市。

再审申请人黑龙江北大荒投资担保股份有限公司（以下简称北大荒担保公司）因与被申请人黑龙江省建三江农垦七星粮油工贸有限责任公司（以下简称七星公司）、黑龙江省建三江农垦宏达粮油工贸有限公司（以下简称宏达公司）、黑龙江省建三江农垦华龙粮油工贸有限责任公司（以下简称华龙公司）、黑龙江省建三江农垦稻福米业有限公司（以下简称稻福公司）及一审被告黑龙江省建三江农垦三江缘米业有限责任公司（以下简称三江缘公司）、邵某玲、徐某军担保合同纠纷一案，不服黑龙江省高级人民法院（2016）黑民终200号民事判决，向本院申请再审。本院依法组成合议庭进行了审查，现已审查终结。

北大荒担保公司申请再审称：（一）二审法院认定案由错误。担保合同属于从合同，案由的确定不能依据从法律关系来确定。担保公司代偿债务后向借款人及保证人追偿，不仅仅是依据保证合同向担保人主张权利，故一审法院将本案案由确定为追偿权纠纷是正确的，二审法院将案由变更为担保合同纠纷错误。（二）二审法院判决四保证人在案涉4560吨水稻价值范围内免责缺乏事实和法律依据。徐某军证实邵某玲将质押的水稻出卖，说明4560吨水稻的实际控制权在三江缘公司，并未交付给北大荒担保公司。质物的交付是质权设立或质押合同生效的要件，故北大荒担保公司与三江缘公司所建立的水稻质押合同关系成立未生效。四保证人应对案涉借款债务承担连带保证责任，二审法院对此未予纠正存在不当。三江缘公司及七星公司、华龙公司、稻福公司均没有办理水稻质押手续，也未向北大荒担保公司提供水稻质押担保，只有宏达公司提供了足额水稻后北大荒担保公司才与该公司办理了水稻质押手续。几家公司虽为联保关系，但反担保形式不同，北大荒担保公司出具给宏达公司的《告知函》不足以证明四保证人对三江缘公司提供水稻的担保产生合理信赖。北大荒担保公司与四保证人签订的保证合同没有约定水稻的质押及其他物的担保，四保证人并不知道三江缘水稻的质押，也不是因为有三江缘的水稻质押才提供的保证。二审法院强加的所谓“合理信赖”是主观臆断的错误认定。（三）二审法院认定案涉4560吨水稻的价值为1413.6万元没有事实和法律依据。三江缘公司与北大荒担保公司签订的质押担保合同确定4560吨水稻的质押率为70%，即使质权设立，其质押担保的价值仅为800余万元。综上，北大荒担保公司依据《中华人民共和国民事诉讼法》第二百条第一项、第二项规定申请再审。

七星公司、宏达公司、华龙公司、稻福公司提交意见称：北大荒担保公司的再审申请无事实和法律依据，请求予以驳回。

本院审查过程中，北大荒担保公司提交两份新证据：证据一，徐某军出具的《情况说明》，意在证明三江缘公司法定代表人邵某玲与华龙公司法定代表人刘某光恶意串通将案涉质物4560吨水稻出卖，导致北大荒担保公司无法收回贷款损失；证据二，三江缘公司经营场所的照片，意在证明三江缘公司抵押给北大荒担保公司的设备、厂房已年久失修根本无法弥补其损失的事实。

七星公司、宏达公司、华龙公司、稻福公司质证认为，证据一的真实性不能确定，所谓徐某军的《情况说明》与其本人在本案一、二审中的陈述相矛盾，且与保证人是否承担保证责任没有关联性；证据二只能反映三江缘公司的现状，与北大荒担保公司的待证目的没有关联性。综上，上述证据不构成足以推翻原判的再审新证据。

本院认证如下：徐某军作为本案当事人，其出具的《情况说明》属于当事人陈述，因其未参加询问，该份证据又系复印件，故真实性不能确定，本院不予采信。证据二与北大荒担保公司的待证目的没有关联性。综上，以上两份证据不构成足以推翻原判的再审新证据，本院不予采信。

本院经审查认为：

（一）关于本案案由应为追偿权纠纷还是担保合同纠纷的问题

民事案件的案由应当依据当事人主张的法律关系的性质来确定，同一诉讼中涉及两个以上法律关系的，应当依据当事人诉争的法律关系的性质确定案由，均为诉争法律关系的，则按诉争的两个以上法律关系确定并列的两个案由。本案存在多个法律关系：主法律关系为三江缘公司与中国建设银行股份有限公司哈尔滨农垦支行（以下简称农垦建行）的借款合同关系；从法律关系是北大荒担保公司与农垦建行的保证合同关系，北大荒担保公司为上述借款提供连带责任保证；同时，本案还存在反担保合同关系，即债务人三江缘公司以机器设备抵押和4560吨水稻质押为北大荒担保公司提供反担保，三江缘公司法定代表人邵某玲及其夫徐某军以房产抵押和股权质押方式提供反担保，七星公司、宏达公司、华龙公司、稻福公司在1000万元借款范围内为北大荒担保公司提供连带责任保证。本案系主债务的连带保证人北大荒担保公司在代为清偿三江缘公司的借款债务后，基于法定追偿权诉请债务人三江缘公司偿还代偿款，基于反担保合同关系诉请反担保人承担反担保责任，故本案案由应确定为追偿权纠纷和担保合同纠纷。本案一审法院将案由确定为追偿权纠纷，二审法院调整为担保合同纠纷，在案由的确定上均不完整，但因本案一、二审法院对诉争的法律关系均进行了审理，原审案由确定上的瑕疵对本案的实体审理未产生影响，故该问题不足以对本案启动再审。

（二）关于债务人提供的质押未设立，保证人应否在质押物优先受偿的范围内免除连带保证责任的问题

本案中，北大荒担保公司于同日分别与债务人、第三人签订的质押合同、抵押合同及保证合同均系当事人的真实意思表示，不违反法律、行政法规的强制性规定，应依法认定为有效合同。其中，北大荒担保公司与债务人三江缘公司签订的水稻质押合同虽依法成立生效，但因三江缘公司未交付质物并将出质的水稻出卖给案外人，依据《中华人民共和国物权法》第二百一十二条“质权自出质人交付质押财产时设立”的规

定，应认定北大荒担保公司的水稻质权未设立。质权未设立对保证人的保证责任产生何种影响，保证人应否在质押物优先受偿的范围内免除保证责任，是本案当事人之间的核心争议。对此问题，本案一、二审法院所作认定有所不同，一审法院判令四保证人在质权未成立价值的50%范围内承担连带保证责任，二审法院则改判四保证人在案涉质物4560吨水稻价值范围内免除保证责任。本院认为，综合全案事实，二审法院对保证人的免责认定并无不当，理由如下：

其一，北大荒担保公司与三江缘公司未能诚实守信积极履行生效的质押合同义务，双方对质权未设立均存在过错，致使本应有效设立的质权未能发挥物的担保效用，过错当事人应承担不利后果。案涉质押合同签订后，三江缘公司未向北大荒担保公司交付出质的4560吨水稻，而是将质物存放于自己的仓库中，其后私自将质物出卖给案外人，且未将出售所得款项清偿债务，主观上具有逃避债务、将还款责任转嫁给其他担保人的恶意，该公司对质权未设立存在过错。反担保债权人北大荒担保公司作为一家职业担保公司，对出质人不交付质物的商业风险、法律后果以及该行为对同一债权上保证人利益的影响理应知晓，且质物水稻系粮食作物，难以久存，存在被债务人处分的可能，该公司理应尽到谨慎注意义务。但是，该公司在质押合同签订后，始终未请求三江缘公司交付质物，即使为了方便保管而将水稻继续存放于三江缘公司仓库，北大荒担保公司亦应尽到对质物的监管义务，使质物处于自己的控制之下，而其怠于监管致使质物被债务人私自处分；在得知质物被债务人出卖给特定案外人“中储粮”后，北大荒担保公司未积极向三江缘公司主张以质物出卖款清偿债务从而减轻损害，而是因其债权上存在多个担保就躺在权利上睡大觉，明显有违诚信。因此，债权人和债务人的共同过错造成本应依法设立的质权未能发挥物的担保效用，而保证人对此并无过错，北大荒担保公司应对其怠于保障债权利益的消极行为承担不利后果。

其二，保证合同中虽未明确约定债务人提供水稻质押是保证人提供保证的条件，但物权法对债务人提供的物保与第三人提供的人保并存时的债权实现顺序有明确规定，保证人对先以债务人的质物清偿债务存在合理信赖利益，北大荒担保公司怠于行使质物交付请求权损害了保证人的顺位信赖利益，保证人应在质物优先受偿价值范围内免责。本案中，借款债务人三江缘公司与四保证人均系稻米经营企业，互相之间存在五户联保关系，联保形式相同，即任何一户的银行贷款均由北大荒担保公司提供担保，再由借款债务人以各自所有的机器设备、房产和水稻向北大荒担保公司提供抵押和质押担保，其他四户向北大荒担保公司提供保证担保。案涉质押合同与保证合同系同一天签订。以上事实表明，案涉各方当事人均知晓北大荒担保公司的反担保债权上应同时设立了债务人提供的物的担保和第三人提供的人的担保。《物权法》第一百七十六条规定："被担保的债权既有物的担保又有人的担保的，债务人不履行到期债务或者发生当事人约定的实现担保物权的情形，债权人应当按照约定实现债权；没有约定或者约定不明确，债务人自己提供物的担保的，债权人应当先就该物的担保实现债权；第三人提供物的担保的，债权人可以就物的担保实现债权，也可以要求保证人承担保证责任。提供担保的第三人承担保证责任后，有权向债务人追偿。"依据上述规定，因本案当事人没有约定债权实现顺序，若债务人提供的担保物权正常设立，保证人只对物的担保以外的债权承担保证责任，故四保证人对自己享有法定的顺位利益存在一种合理信赖，从保证人七星公司法定代表人刘某本、保证人宏达公司法定代表人刘某峰在得知三江缘公司处分质物后立即向公安部门报案的情况来看，也能证明保证人存在此种信赖，由此产生的信赖利益受法律保护。若令保证人在债务人提供的担保物权未设立时继续承担保证责任，则恶意违约的债务人与怠于行使权利的债权人利益不受损，保证人的信赖利益却遭受侵害，这无疑违反民法的公平原则和诚实信用原则。

综上两方面分析，保证人合理的顺位信赖利益遭受债权人和债务人的侵害，保证人应当在质押物4560吨水稻的价值范围内免除保证责任。

（三）关于质物4560吨水稻的价值亦即四保证人的免责范围应如何认定的问题

在质权设立的情况下，质权人的债权不能清偿时应以质押物拍卖、变卖的价值优先受偿。因本案北大荒担保公司的质权未设立，二审法院根据黑龙江省粮食局、中国储备粮管理总公司黑龙江分公司、中国农业发展银行黑龙江省分行下发黑粮农联［2014］102号《关于印发水稻最低收购价收购质价政策的通知》中关于2014年度水稻最低收购价为每市斤1.55元的指导价，确定案涉4560吨水稻的价值为1413.6万元，有明确依据，并无不当。再结合三江缘公司出卖上述质押物所得款项为1300余万元、诉争债权金额为1000万元的事实来看，二审法院判令四保证人免除保证责任并无不当。

综上，北大荒担保公司的再审申请不符合《中华人民共和国民事诉讼法》第二百条第一项、第二项规定的情形。本院依照《中华人民共和国民事诉讼法》第二百零四条第一款，《最高人民法院关于适用〈中华人民共和国民事诉讼法〉的解释》第三百九十五条第二款的规定，裁定如下：

驳回黑龙江北大荒投资担保股份有限公司的再审申请。

## 【新旧法律依据对照】

| 旧法 | 新法 | 旧司法解释 | 新司法解释 |
| --- | --- | --- | --- |
| **《物权法》**<br>**第一百七十六条**<br>被担保的债权既有物的担保又有人的担保的，债务人不履行到期债务或者发生当事人约定的实现担保物权的情形，债权人应当按照约定实现债权；没有约定或者约定不明确，债务人自己提供物的担保的，债权人应当先就该物的担保实现债权；第三人提供物的担保的，债权人可以就物的担保实现债权，也可以要求保证人承担保证责任。提供担保的第三人承担担保责任后，有权向债务人追偿。 | **《民法典》**<br>**第三百九十二条**<br>被担保的债权既有物的担保又有人的担保的，债务人不履行到期债务或者发生当事人约定的实现担保物权的情形，债权人应当按照约定实现债权；没有约定或者约定不明确，债务人自己提供物的担保的，债权人应当先就该物的担保实现债权；第三人提供物的担保的，债权人可以就物的担保实现债权，也可以请求保证人承担保证责任。提供担保的第三人承担担保责任后，有权向债务人追偿。 | **《担保法司法解释》**<br>**第三十八条**<br>同一债权既有保证又有第三人提供物的担保的，债权人可以请求保证人或者物的担保人承担担保责任。当事人对保证担保的范围或者物的担保的范围没有约定或者约定不明的，承担了担保责任的担保人，可以向债务人追偿，也可以要求其他担保人清偿其应当分担的份额。<br>同一债权既有保证又有物的担保的，物的担保合同被确认无效或者被撤销，或者担保物因不可抗力的原因灭失而没有代位物的，保证人仍应当按合同的约定或者法律的规定承担保证责任。<br>债权人在主合同履行期届满后怠于行使担保物权，致使担保物的价值减少或者毁损、灭失的，视为债权人放弃部分或者全部物的担保。保证人在债权人放弃权利的范围内减轻或者免除保证责任。 | **《民法典担保制度司法解释》**<br>**第十八条**<br>承担了担保责任或者赔偿责任的担保人，在其承担责任的范围内向债务人追偿的，人民法院应予支持。<br>同一债权既有债务人自己提供的物的担保，又有第三人提供的担保，承担了担保责任或者赔偿责任的第三人，主张行使债权人对债务人享有的担保物权的，人民法院应予支持。 |

续表

| 旧法 | 新法 | 旧司法解释 | 新司法解释 |
|---|---|---|---|
| 《物权法》<br>**第二百一十二条**<br>质权自出质人交付质押财产时设立。<br><br>《担保法》<br>**第六十四条**<br>出质人和质权人应当以书面形式订立质押合同。<br>质押合同自质物移交于质权人占有时生效。 | 《民法典》<br>**第四百二十九条**<br>质权自出质人交付质押财产时设立。 | 《担保法司法解释》<br>**第八十七条**<br>出质人代质权人占有质物的，质押合同不生效；质权人将质物返还于出质人后，以其质权对抗第三人的，人民法院不予支持。<br>因不可归责于质权人的事由而丧失对质物的占有，质权人可以向不当占有人请求停止侵害、恢复原状、返还质物。<br>**第八十八条**<br>出质人以间接占有的财产出质的，质押合同自书面通知送达占有人时视为移交。占有人收到出质通知后，仍接受出质人的指示处分出质财产的，该行为无效。<br>**第八十九条**<br>质押合同中对质押的财产约定不明，或者约定的出质财产与实际移交的财产不一致的，以实际交付占有的财产为准。 | 《民法典担保制度司法解释》<br>**第五十五条**<br>债权人、出质人与监管人订立三方协议，出质人以通过一定数量、品种等概括描述能够确定范围的货物为债务的履行提供担保，当事人有证据证明监管人系受债权人的委托监管并实际控制该货物的，人民法院应当认定质权于监管人实际控制货物之日起设立。监管人违反约定向出质人或者其他人放货、因保管不善导致货物毁损灭失，债权人请求监管人承担违约责任的，人民法院依法予以支持。<br>在前款规定情形下，当事人有证据证明监管人系受出质人委托监管该货物，或者虽然受债权人委托但是未实际履行监管职责，导致货物仍由出质人实际控制的，人民法院应当认定质权未设立。债权人可以基于质押合同的约定请求出质人承担违约责任，但是不得超过质权有效设立时出质人应当承担的责任范围。监管人未履行监管职责，债权人请求监管人承担责任的，人民法院依法予以支持。 |

续表

| 旧法 | 新法 | 旧司法解释 | 新司法解释 |
| --- | --- | --- | --- |
| 《物权法》<br>第二百一十八条<br>质权人可以放弃质权。债务人以自己的财产出质，质权人放弃该质权的，其他担保人在质权人丧失优先受偿权益的范围内免除担保责任，但其他担保人承诺仍然提供担保的除外。 | 《民法典》<br>第四百三十五条<br>质权人可以放弃质权。债务人以自己的财产出质，质权人放弃该质权的，其他担保人在质权人丧失优先受偿权益的范围内免除担保责任，但是其他担保人承诺仍然提供担保的除外。 | | |

## 【法律适用指引】

### 法律适用指引一

抵押权顺位的放弃

抵押权顺位的放弃包括相对放弃和绝对放弃两种。所谓抵押权顺位的相对放弃，是指同一抵押财产上先顺位抵押权人为了特定后顺位抵押权人或者无担保债权人的利益，放弃自己的优先受偿利益的行为。抵押人 A 将自己价值 250 万元的抵押财产分别为债权人甲、乙、丙设定了第一、第二、第三顺位抵押权，担保的债权金额分别为 100 万元、150 万元、80 万元，甲为了丙的利益而放弃第一顺位抵押权，此种放弃即为相对放弃。准确理解抵押权顺位的相对放弃，要把握以下几点：一是相对放弃的对象包括后顺位抵押权人和无担保债权人两种，不限于后顺位抵押权人。二是相对放弃的方式是双方签订以放弃抵押权为内容的协议，该协议仅在当事人之间发生效力，不影响其他顺位抵押权人的权利，因而无须进行变更登记。三是相对放弃的后果是，后顺位抵押权人或者无担保债权人在先顺位抵押权人所能受偿的范围内，按各自的债权比例清偿。在前举案例中，假设抵押财产拍卖所得价款为 250 万元，则在甲抛弃抵押权顺位前，甲、乙的债权均能得到全部清偿，丙则无法受偿。但在甲为了丙的利益抛弃第一顺位后，则乙的清偿顺位、金额不受影响，但丙则与甲就甲所能清偿的部分按照债权比例清偿，在甲能够优先受偿的 100 万元内受偿，因而甲的受偿份额为：100÷（100+80）×100 万元=55.6 万元；丙的受偿份额为：80÷（100+80）×100 万元=44.4 万元。

抵押权顺位的绝对放弃，是指先顺位抵押权人放弃顺位利益的行为。准确理解抵押权顺位的绝对放弃，应注意以下几点：一是与相对放弃需要签订协议不同，绝对放弃仅须先顺位抵押权人作出放弃抵押权顺位的单方意思表示即可。二是绝对放弃的效果及于所有的后顺位抵押权人，而只有将放弃的意思表示进行登记，才能产生此种后果。故与相对放弃无须登记不同，绝对放弃应当办理登记手续。三是就绝对放弃的后果而言，存在不同观点。有一种观点认为，绝对放弃的后果是使先顺位抵押权人成为无担保的普通债权人。另一种观点则认为，其后果是使放弃人退居最后顺位的抵押权人，但仍优先于后设立的抵押权人。我们认为，根据《民法典》第三百九十三条第三项之规定，放弃抵押权的后果是导致抵押权消灭。而抵押权顺位的放弃，放弃的仅是顺位，并非放弃抵押权。因而其后果是使放弃人退居最后顺位，而非成为普通债权人，否则，就是抵押权的放弃而非顺位的放弃了。就此而言，第二种观点更为可采。

## 法律适用指引二

抵押权顺位的变更

抵押权顺位的变更，指的是同一抵押财产上的数个抵押权人通过协议方式变更抵押权的顺位。在两个抵押权担保的债权数额并不相同的情况下，抵押权顺位的变更往往还意味着被担保债权数额的变更。准确理解抵押权的顺位变更制度，应当把握以下几点：

第一，须两个抵押权人之间签订变更抵押权顺位的协议。鉴于抵押权顺位变更不涉及抵押人利益，故无须征得其同意。

第二，抵押权顺位的变更，要征得利益可能受到顺位变更影响的其他抵押权人的书面同意，否则，对该抵押权人不生效力。如抵押人 A 将自己价值 250 万元的抵押财产分别为债权人甲、乙、丙设定了第一、第二、第三顺位抵押权，担保的债权金额分别为 100 万元、150 万元、80 万元，如果甲与乙之间变更顺位，鉴于对丙并无影响，就无须征得丙的同意。如果是甲与丙之间变更顺位，不仅对乙没有影响，而且对其还有利，也无须征得其同意。反之，如果甲、乙、丙设定的第一、第二、第三顺位抵押权担保的债权金额分别为 80 万元、100 万元、150 万元，则甲与丙变更抵押权顺位，对乙不利，就应当征得乙的书面同意，否则，对乙不生效力。至于甲与丙之间是否发生顺位变更的效力，存在不同理解。一种观点认为，鉴于未征得乙的同意，故甲与丙之间不发生顺位变更的效力。另一种观点认为，就甲与丙之间来说，仍然发生顺位变更的效力，但担保债权的数额不发生变换。也就是说，丙成为第一顺位抵押权人，甲成为第三顺位抵押权人。但丙作为第一顺位抵押权人所能优先受偿的范围，仍以原第一顺位抵押权人甲所能优先受偿的 80 万元为限；至于第三顺位抵押权，则甲为 80 万元、丙为 70 万元，二者按比例受偿。我们赞同第二种观点。

第三，关于应否办理变更登记问题。从法理上说，不动产顺位的变更，不论是否影响其他抵押权人的利益，均无须办理变更登记：如果不影响其他抵押权人利益，则抵押权顺位变更仅对变更当事人产生影响，无须办理变更登记。如果影响其他抵押权人利益，则如果征得该抵押权人同意的，自然可以对该抵押权人发生效力；未征得其同意的，则不对该抵押权人发生效力，也不妨碍在变更当事人之间发生效力。就此而言，并无必须办理变更登记之必要。但根据《不动产登记暂行条例实施细则》第六十八条之规定，不动产抵押权顺位的变更必须办理变更登记，事实上将抵押权顺位变更作为物权变动的形式采登记生效主义了。

## 法律适用指引三

债务人作为抵押人的特别规定

《民法典》第四百零九条第二款是有关债务人作为抵押人时，抵押权人放弃该抵押权、抵押权顺位或者变更抵押权时的特别规定。准确理解《民法典》第四百零九条第二款，要注意把握以下几点：

第一，须债务人以自己的财产设定抵押。参照《民法典》第三百九十二条规定的精神，被担保的债权上设有多个担保，其中债务人以自己的财产设定担保的，债权人原则上应当先就该物的担保实现债权，其他担保人仅在该担保实现后仍不能清偿的部分承担补充责任。可见，其他担保人享有某种类似于先诉抗辩权的权利，即要求债权人首先实现债务人自身提供的担保。对债权人来说，其也有义务先实现债务人自身提供的担保，该义务性质上属于不真正义务。抵押权人怠于向债务人主张权利，其他担保人将在抵押权人丧失优先受偿权的范围内免除担保责任。

第二，抵押权人怠于向债务人主张担保的情形包括放弃抵押权、放弃抵押权顺位以及变更抵押权三种情形。放弃抵押权比较好理解，如在混合担保中，同一债权上既有债务人以自己的财产设定的抵押，也有保证的，抵押权人放弃债务人抵押的结果，将会加重保证人的责任，使本来无须承担责任的保证人承担保证责任。在此情况下，保证人可在抵押权人丧失优先受偿权益的范围内免除保证责任。放弃抵押权顺位也有可能损害其他担保人的利益，比如甲借给乙 100 万元，乙用自己的房屋设定抵押的同时，又让丙为自己的债务提供保证，此后乙又将该房屋先后抵押给丁、戊，分别为其 120 万元、150 万元的债务提供担保，甲、丁、戊分别为该房屋的第一、第二、第三顺位抵押权人。如果甲为了戊的利益放弃第一顺位抵押权，或者与戊变更抵押权顺位，在抵押房屋的价值不足以清偿升进后的第一、第二顺位抵押权的情况下，均会加重保证人丙的责任，因而同样可援引《民法典》第四百零九条规定免除担保责任。

第三，其他担保人免责，是当然免责还是通过行使抗辩权的方式免责，也存在不同理解。一种观点认为，抵押权人放弃抵押权、抵押权顺位或者变更抵押权，性质上属于违反不真正义务，其结果是使抵押权人遭受权利减损，即丧失优先受偿权。相对应地，其他担保人在抵押权人丧失优先受偿权的范围内享有免除相应担保责任的抗辩：一旦其他担保人提出该抗辩的，将免除相应的担保责任；反之，其不提出抗辩，或者明示同意继续承担担保责任的，则仍然需要承担担保责任。另一种观点则认为，只要抵押权人实施了放弃抵押权、抵押权顺位或者变更抵押权等任一行为，其他担保人就当然在抵押权人丧失优先受偿权益的范围内免除责任，除非其另行作出仍然提供担保的承诺。二者的区别在于，人民法院是依职权免除其他担保人的责任，还是只能依其他担保人的抗辩才能免除其责任。从《民法典》第四百零九条第二款的文义看，似采第二种观点。

### 法律适用指引四

质权人返还质押财产对质权效力的影响

质权人返还质押财产，在有的国家和地区的规定中是按照质权人默示抛弃质权处理，质权因质权人返还质押财产而消灭。但也有的立法例按照质权人不享有对抗效力来处理，即质权不因质权人返还质押财产而消灭。在我国现行法律背景下，质权人返还质押财产于出质人，无论是质权人依自己的意思表示（如交付质押财产于出质人保管、使用），还是质权人非依自己的意思表示（如质权人受出质人、债务人的欺诈返还质押财产），质权并不消灭，质权人返还质押财产仅发生该质权“不得对抗第三人”的结果。至于“不得对抗的第三人”的范围，应该包括质押财产的所有权取得人（比如善意取得人）、新质权人（出质人以质押财产再出质后形成的质权人）、经登记的动产抵押权人、租赁人、查封债权人、破产债权人。[①] 在此需要注意的是，尽管质权人因不再继续占有质押财产而不得对抗上述第三人，但仍然可以对抗出质人的普通债权人，否则这时即使认为该质权还存在，但其实已经丧失存在的意义。

## 法律适用指引五

### 流动质押的概念

随着经济社会的发展进步，实践中的担保形式也日渐多元化，这在促进融资的同时，也带来了一些法律问题，流动质押就是近年来发展出来的有别于传统意义质权的质押形式。《民商事审判工作会议纪要》第六十三条规定了流动质押的设立与监管人的责任，该条规定："在流动质押中，经常由债权人、出质人与监管人订立三方监管协议，此时应当查明监管人究竟是受债权人的委托还是受出质人的委托监管质物，确定质物是否已经交付债权人，从而判断质权是否有效设立。如果监管人系受债权人的委托监管质物，则其是债权人的直接占有人，应当认定完成了质物交付，质权有效设立。监管人违反监管协议约定，违规向出质人放货、因保管不善导致质物毁损灭失，债权人请求监管人承担违约责任的，人民法院依法予以支持。如果监管人系受出质人委托监管质物，表明质物并未交付债权人，应当认定质权未有效设立。尽管监管协议约定监管人系受债权人的委托监管质物，但有证据证明其并未履行监管职责，质物实际上仍由出质人管领控制的，也应当认定质物并未实际交付，质权未有效设立。此时，债权人可以基于质押合同的约定请求质押人承担违约责任，但其范围不得超过质权有效设立时质押人所应当承担的责任。监管人未履行监管职责的，债权人也可以请求监管人承担违约责任。"这一内容对于解决审判实务中的相关问题具有很强的针对性。

《民法典担保制度司法解释》第五十五条规定："债权人、出质人与监管人订立三方协议，出质人以通过一定数量、品种等概括描述能够确

---

① 最高人民法院物权法研究小组编著：《〈中华人民共和国物权法〉条文理解与适用》，人民法院出版社 2007 年版，第 632 页。

定范围的货物为债务的履行提供担保，当事人有证据证明监管人系受债权人的委托监管并实际控制该货物的，人民法院应当认定质权于监管人实际控制货物之日起设立。监管人违反约定向出质人或者其他人放货、因保管不善导致货物毁损灭失，债权人请求监管人承担违约责任的，人民法院依法予以支持。在前款规定情形下，当事人有证据证明监管人系受出质人委托监管该货物，或者虽然受债权人委托但是未实际履行监管职责，导致货物仍由出质人实际控制的，人民法院应当认定质权未设立。债权人可以基于质押合同的约定请求出质人承担违约责任，但是不得超过质权有效设立时出质人应当承担的责任范围。监管人未履行监管职责，债权人请求监管人承担责任的，人民法院依法予以支持。”

## 法律适用指引六

### 流动质押的设立及其条件

根据《民法典》第四百二十九条的规定，动产质权的设立以标的物交付为生效要件。此外，《担保法司法解释》第八十七条规定：“出质人代质权人占有质物的，质押合同不生效；质权人将质物返还于出质人后，以其质权对抗第三人的，人民法院不予支持。因不可归责于质权人的事由而丧失对质物的占有，质权人可以向不当占有人请求停止侵害、恢复原状、返还质物。”可见，质权人占有质物既是质权成立的要件（《担保法》未区分质押合同与质权的设立，误将质权人占有质物作为质押合同的生效要件），也是质权存续的前提。尽管《民法典担保制度司法解释》未保留这一规定，但并不意味着这一规定与《民法典》相冲突，仅仅是因为这一规定已是理论界与实务界的共识，故没有必要在新司法解释中进行规定。问题是，在流动质押中，质物系由第三方进行监管，是否满足质权的成立要件呢？这就涉及作为质权设立要件的交付是否包括指示交付的问题。对此，《担保法司法解释》第八十八条规定：“出质人以间接占有的财产出质的，质押合同自书面通知送达占有人时视为移交……”同理，尽管《民法典担保制度司法解释》未保留这一规定，但这一规定与《民法典》并不冲突，仅仅意味着理论界与实务界已就此达成共识。也就是说，我国民法认可指示交付亦可构成质权成立要件的交付，即允许在第三方对标的物直接占有的情形下，由质权人取得间接占有。在流动质押的设立中，只要第三方系接受质权人的委托对标的物进行占有，质权就可以得到有效设立。相反，如果第三方虽然直接占有标的物，但其是受出质人的委托占有标的物，则无法使质权得到有效设立。

值得探讨的是，占有改定能否构成质权设立要件的交付？对此，民法通说予以否认，理由是占有改定无法实现公示的目的，从而可能危及自出质人处取得标的物的第三人的交易安全。此外，尽管《担保法司法解释》没有明确规定，但通过该解释第八十七条的上述规定，亦可解读出占有改定不能构成质权设立所需要的交付。此外，在出质人和监管人共同占有质物的场合，质权是否有效设立呢？在实践中，出于质物的特点以及进行监管方便等方面的考虑，当事人有时将质物存放在出质人的仓库中，但由监管人派员驻厂监管。有观点认为，此时由于质物仍处于出质人的控制下，占有并未发生实际移转，属于以占有改定方式设立动产质权，因此，流动质押未有效设立。我们认为，只要监管人系受债权人的委托监管质物，且已经进行了实质监管，如质物出库时应征得监管人同意，则意味着质物并非完全处于出质人控制下，应认为流动质押已经设立。但是，如果当事人仅订立监管协议，监管人并未实际履行监管职责，质物仍由出质人完全控制，则流动质权未有效设立。

## 法律适用指引七

流动质押中监管人的义务

根据流动质押的实践，监管人的义务一般包括以下几个方面：第一，审查核验义务。实践中，监管人根据质权人的指示，在接受出质人交付时，对其实际交付的质物品名、数量、质量等进行具体的查验，确保与质物清单以及监管协议上记载的质物相符。第二，保存保管义务。对于由监管人实际占有的质物，监管人应当尽到一般善良管理人的注意程度，如选择合适的保管场所，提供适当的保管条件等。第三，监管义务。监管义务是监管人最重要的义务，要求监管人在监管期间监控质物的数量和质量，防止质物随意出库或脱离其实际占有。监管人在质物入库后，即应当严密监控，防止质物未经同意出库，并定期进行查验，当质物有毁损灭失风险时，应及时采取必要的措施等。

监管协议是债权人与监管人签订的协议，监管人违反约定向出质人或者其他人放货、因保管不善导致货物毁损灭失，债权人请求监管人承担违约责任的，人民法院依法予以支持。在一些案件中，出质人故意违反监管协议导致质权无法实现，例如故意谎报质物的数量或质量、盗取质物甚至强行取走质物，此时监管人是否应当承担违约责任呢？我们认为，监管人承担责任的基础是委托监管协议，而委托监管协议在性质上属于委托合同。根据《民法典》第九百二十九条的规定，只有在监管人有过错时才承担赔偿责任。因此，如果委托人不能证明监管人有过错；即不能请求其承担赔偿责任。例如，如果出质人谎报质物的数量或者质量，而监管人未履行必要的核验义务，此时就应认定监管人存在过错；但在出质人强行取走质物时，如监管人已经采取必要的应急措施，如及时拦阻、报警并通知质权人，则应认为监管人已尽到必要的监管义务，自无须承担责任。

此外，在监管人接受出质人委托对质物进行监管的情形下，由于质权未有效设立，且监管人与债权人之间并无合同关系，因此，监管人对于债权人的损失，不应承担赔偿责任。对于因质权未有效设立而给债权人造成的损失，应由出质人向债权人承担违约责任。但是，如果是监管人接受债权人的委托对质物进行监管，由于监管人未履行监管义务导致质物仍由出质人控制，进而导致质权未有效设立，并因此给债权人造成损失的，则监管人对债权人应承担全部违约责任。

## 法律适用指引八

### 保兑仓交易融资担保

《民商事审判工作会议纪要》还就保兑仓交易这一新类型融资担保方式的有关法律适用问题作了规定。依据《民商事审判工作会议纪要》第六十八至第七十条的规定，保兑仓交易的基本交易模式是，以银行信用为载体、以银行承兑汇票为结算工具、由银行控制货权、卖方（或者仓储方）受托保管货物并以承兑汇票与保证金之间的差额作为担保。其基本的交易流程是：卖方、买方和银行订立三方合作协议，其中买方向银行缴存一定比例的承兑保证金，银行向买方签发以卖方为收款人的银行承兑汇票，买方将银行承兑汇票交付卖方作为货款，银行根据买方缴纳的保证金的一定比例向卖方签发提货单，卖方根据提货单向买方交付对应金额的货物，买方销售货物后，将货款再缴存为保证金。在三方协议中，一般来说，银行的主要义务是及时签发承兑汇票并按约定方式将其交给卖方，卖方的主要义务是根据银行签发的提货单发货，并在买方未及时销售或者回赎货物时，就保证金与承兑汇票之间的差额部分承担责任。银行为保障自身利益，往往还会约定卖方要将货物交给由其指定的当事人监管，并设定质押，从而涉及监管协议以及流动质押等问题。实践中，当事人还可能在前述基本交易模式基础上另行作出其他约定，只要不违反法律、行政法规的效力性强制性规定，这些约定应当认定有效。一方当事人因保兑仓交易纠纷提起诉讼的，人民法院应当以保兑仓交易合同作为审理案件的基本依据，但买卖双方没有真实买卖关系的除外。

保兑仓交易以买卖双方有真实买卖关系为前提。双方无真实买卖关系的，该交易属于名为保兑仓交易实为借款合同，保兑仓交易因构成虚伪意思表示而无效，被隐藏的借款合同是当事人的真实意思表示，如不存在其他合同无效情形，应当认定有效。保兑仓交易认定为借款合同关系的，不影响卖方和银行之间担保关系的效力，卖方仍应当承担担保责任。

当事人就保兑仓交易中的不同法律关系的相对方分别或者同时向同

一人民法院起诉的，人民法院可以根据《民事诉讼法司法解释》第二百二十一条[①]的规定，合并审理。当事人未起诉某一方当事人的，人民法院可以依职权追加未参加诉讼的当事人为第三人，以便查明相关事实，正确认定责任。

## 法律适用指引九

### 担保人行使追偿权的要件及范围

担保人对债务人享有的追偿权在《民法典》保证合同和担保物权部分均有明确规定。《民法典》第七百条规定："保证人承担保证责任后，除当事人另有约定外，有权在其承担保证责任的范围内向债务人追偿，享有债权人对债务人的权利，但是不得损害债权人的利益。"《民法典》第三百九十二条规定了混合担保情形下，提供担保的第三人承担担保责任后，有权向债务人追偿，其原因也是担保人承担担保责任实质上是为主债务人履行债务，而非履行自身债务，自得向因其清偿而得利的主债务人追偿。就担保人行使追偿权，应把握其要件和范围：

一是担保人行使追偿权的要件。首先，担保人应向债权人承担了担保责任，承担担保责任的方式可以是代债务人向债权人为主债权债务关系中的给付义务清偿，或者是向债权人以物抵债、抵销或者提存，无论何种履行方式均要求担保人因给付行为致使有偿地消灭或者部分消灭债务人对债权人的责任。若担保人并未实际给付，而是说服债权人免除债务人的债务，则担保人不能在债权人免除债务人责任的范围内向债务人追偿。其次，担保人承担担保责任与债务人责任的消灭之间具有因果关系，担保人承担担保责任的前提是主债权的存在，且担保人因为承担担保责任导致主债务消灭或减少，此时担保人才能向债务人追偿。如果债务人自行清偿或者在债务消灭后仍向债权人履行，则债权人可能构成不当得利，债务人有权向债权人主张返还。最后，担保人并无赠与或者放

① 《民事诉讼法司法解释》第二百二十一条规定："基于同一事实发生的纠纷，当事人分别向同一人民法院起诉的，人民法院可以合并审理。"

弃追偿权的意思。作为担保人行使追偿权的消极要件，除非担保人与债务人约定担保人承担担保责任系对于债务人的赠与，或者放弃追偿权否则担保人在承担担保责任后有权向债务人行使追偿权。主张存在赠与或者放弃追偿权事实的举证责任应归属于债务人，债务人应提供证据证明双方对此存在明确约定，否则应推定担保人承担担保责任并不具有赠与或者放弃追偿权的意思表示。

二是担保人行使追偿权的范围。基于担保上的从属性，担保债务的范围不能超过主债务的范围，故担保人行使追偿权的范围应该限定在主债务数额范围内实际承担的担保责任。如果担保人给付额高于债务人的负债额时，其对于超出部分不得追偿，而应向债权人主张权利。关于担保人可以追偿的具体范围，因追偿权是对于担保人承担担保责任的补偿，所以应该包括承担担保责任支付的成本、承担担保责任之日起的利息以及为承担担保责任而支付的其他必要费用。

三是担保合同无效时的处理。《担保法司法解释》第九条规定，担保人因无效担保合同向债权人承担赔偿责任后，可以向债务人追偿。《民法典担保制度司法解释》沿袭了上述规定，主要考虑的因素是虽然因担保合同无效担保人基于过错承担民事赔偿责任，但该责任的承担仍是基于担保关系而产生，担保人承担的责任仍是代偿责任的性质。因此，无论是担保合同有效时担保人承担的担保责任，还是担保合同无效时担保人承担的民事赔偿责任，其均有权在其承担责任的范围内向债务人追偿。

## 法律适用指引十

担保人享有债权人对债务人的权利

根据《民法典》第七百条的规定，保证人承担保证责任后，享有债权人对债务人的权利，但是不得损害债权人的利益。其中保证人享有的债权人对债务人的权利范围，应当包括对债务人财产的抵押权等担保物权，承担了担保责任或者赔偿责任的保证人，主张行使债权人对债务人享有的担保物权的，人民法院应予支持。此外，考虑到担保人原则上不得请求其他担保人承担担保责任，《民法典》第七百条明确规定承担担保责任的保证人仅有权对债务人自己提供的担保物权主张权利。

## 法律适用指引十一

流动质押的有效设立及其条件

根据《民法典》第四百二十九条的规定，动产质权的设立以标的物交付为生效要件。此外，《担保法司法解释》第八十七条规定："出质人代质权人占有质物的，质押合同不生效；质权人将质物返还于出质人后，以其质权对抗第三人的，人民法院不予支持。因不可归责于质权人的事由而丧失对质物的占有，质权人可以向不当占有人请求停止侵害、恢复原状、返还质物。"可见，质权人占有质物既是质权成立的要件（《担保法》未区分质押合同与质权的设立，误将质权人占有质物作为质押合同的生效要件），也是质权存续的前提。尽管《民法典担保制度司法解释》未保留这一规定，但并不意味着这一规定与《民法典》相冲突，仅仅是因为这一规定已是理论界与实务界的共识，故没有必要在新司法解释中进行规定。问题是，在流动质押中，质物系由第三方进行监管，是否满足质权的成立要件呢？这就涉及作为质权设立要件的交付是否包括指示交付的问题。对此，《担保法司法解释》第八十八条规定："出质人以间接占有的财产出质的，质押合同自书面通知送达占有人时视为移交……"同理，尽管《民法典担保制度司法解释》未保留这一规定，但这一规定与《民法典》并不冲突，仅仅意味着理论界与实务界已就此达成共识。也就是说，我国民法认可指示交付亦可构成质权成立要件的交付，即允许在第三方对标的物直接占有的情形下，由质权人取得间接占有。在流动质押的设立中，只要第三方系接受质权人的委托对标的物进行占有，质权就可以得到有效设立。相反，如果第三方虽然直接占有标的物，但其是受出质人的委托占有标的物，则无法使质权得到有效设立。

# 【类案裁判观点】

## 类案裁判观点一

### 混合担保中担保人之间是否享有追偿权

全国人大常委会法制工作委员会编写的《中华人民共和国物权法释义》一书对担保人之间是否享有追偿权的问题持否定看法，其理由有四：第一，除非当事人之间另有约定，各担保人之间没有任何法律关系的存在，如果各担保人之间可以相互追偿，实质是法律强行在各担保人之间设定相互担保。第二，程序上费时费力、不经济，因为担保人之间互相追偿后仍需向债务人追偿。第三，履行了担保责任的担保人不能向其他担保人追偿恰恰是公平原则的体现，因为除非当事人之间另有规定，每个担保人在设定担保时，都明白自己面临的风险。即在承担担保责任后，只能向债务人追偿，如果债务人没有能力偿还，自己则会受到损失。第四，向其他担保人追偿可操作性很差，因为确定追偿的份额是很难的，特别是在保证与担保物权并存的情况下。[①] 与此相对，对该问题持肯定看法的则认为担保人之间享有追偿权，其理由在于：首先，允许担保人之间互相追偿符合公平的要求，如果混合担保中存在个别担保人承担全部担保责任，而其他担保人不承担任何担保责任，这对于承担了全部担保责任的担保人而言是不公平的；其次，允许担保人之间互相追偿可以防范道德风险，根据《民法典》第三百九十二条的规定，在没有约定的情况下，债权人可以选择就保证还是第三人提供的物保实现债权，如果担保人之间不能互相追偿，则可能出现个别担保人与债权人恶意串通损害其他担保人利益的现象。在新近的关于此问题的研究中，学者们依然存在截然相反的观点。[②]

---

① 胡康生主编：《中华人民共和国物权法释义》，法律出版社 2007 年版，第 381 页。

② 参见王利明：《民法典物权编应规定混合共同担保追偿权》，载《东方法学》2019 年第 5 期；崔建远：《混合共同担保人相互间无追偿权论》，载《法学研究》2020 年第 1 期。

关于此问题，《民商事审判工作会议纪要》第五十六条规定："被担保的债权既有保证又有第三人提供的物的担保的，担保法司法解释第三十八条明确规定，承担了担保责任的担保人可以要求其他担保人清偿其应当分担的份额。但《物权法》第一百七十六条并未作出类似规定，根据《物权法》第一百七十八条关于'担保法与本法的规定不一致的，适用本法'的规定，承担了担保责任的担保人向其他担保人追偿的，人民法院不予支持，但担保人在担保合同中约定可以相互追偿的除外。"由此我们可以看出，之所以该问题在理论和实务中存在较大争议，源于《担保法司法解释》第三十八条与《物权法》第一百七十六条规定的不同。《民法典》施行后，关于担保人之间是否可以互相追偿的问题则应当以《民法典》第三百九十二条的规定为准，《民法典》第三百九十二条除把《物权法》第一百七十六条规定中的"要求"改为"请求"外，与《物权法》的规定一致。因此，从立法沿革以及上述立法机关在该问题上的观点来看，当前混合担保中担保人之间是不可以互相追偿的。另外值得注意的是，如果多个担保人在缔约时就知道要为同一个债务提供担保，并明确约定担保人之间可以相互求偿，鉴于此种约定并不违反法律、行政法规的强制性规定，是合法有效的，当事人据此可以相互求偿。

---

**类案裁判观点二**

对约定由出质人代质权人占有质押财产的处理

---

约定由出质人代质权人占有质押财产，这实际上是采用了占有改定的交付方式。占有改定在质权设定中不具有物权的公示效应，不能依占有改定的方式设定质权。因此，当事人约定由出质人或者出质人的代理人代为占有质押财产的，不构成《民法典》第四百二十九条所规定的有效交付，质权不能成立。

## 【案例五】

# 质权人将质押财产交回出质人后不再享有质权*

### 一、案情简介

李某和刘某系同村好友，均在做小本生意。2009 年 5 月 16 日，李某因急需用钱，而向刘某借款 5000 元。双方签订书面合同后，李某以其一头牛设立动产质押，并完成了现实交付。但是几天后，刘某觉得养牛很麻烦，双方又订立补充书面合同约定，李某通过向刘某“借牛”的形式又继续占有该牛。后来，李某的另一债权人——同村的张某起诉李某归还债务 12000 元。法院判决支持了张某的请求。判决发生法律效力后，李某没有履行，于是张某申请法院强制执行。法院查明李某无其他可供执行财产，于是准备就该牛强制执行。刘某知道后，提出书面异议，主张自己对该牛享有质权，并出示了与李某签订的两份书面合同。李某对该事实完全认可。

### 二、法院裁判情况

对于刘某提出的书面异议，执行法院认为，根据《物权法》第二百一十二条的规定，“质权自出质人交付质押财产时设立”，本案中，出质人李某已经将质押财产一头牛交付给了质权人刘某，根据上述规定，刘

---

* 案例来源：最高人民法院民事审判第一庭编：《民事审判指导与参考》（总第 44 集）。

某的质权已经设立，故刘某对该牛享有质权。在刘某已经拥有质权的情况下，其对牛如何管理，法律未加规定，故应认定刘某仍然对该牛享有质权，遂裁定中止对牛的执行。

张某不服一审裁定，根据《民事诉讼法》第二百零四条①的规定向一审法院起诉称，根据民法理论，如果质权人在质权成立后又将质押财产交回出质人的，质权人不再享有质权。二审法院审理认为，虽然刘某曾经设立了质权，但因刘某在质权设立后又交回了这头牛，故刘某对这头牛不再享有质权，遂判决刘某对执行标的物该头牛不享有质权。

刘某不服该一审判决，向二审法院提起上诉，请求确认对执行标的物该头牛享有质权，理由与其提出的执行异议的理由相同。

二审法院以与一审法院相同的理由维持了一审判决。

## 三、主要观点及理由

对于本案的处理，有两种不同的观点。

第一种观点认为，根据《物权法》第二百一十二条的规定，李某按照约定将牛交付给刘某后，刘某就享有对该牛的质权。在刘某享有质权后，法律并没有规定刘某对该牛如何管理。在刘某通过出借的方式将牛交回给李某管理的情况下，因此否认刘某享有的质权，缺乏法律依据。

第二种观点认为，虽然《物权法》第二百一十二条规定了质权自出质人交付质押财产时设立，但是该条并没有明确“交付”后，在质权人又将质押财产交回出质人的情况下，债权人是否还享有质权？为此，需要对《物权法》第二百一十二条进行解释。根据目的解释规则，动产质权属于留置型的担保，其目的是通过占有债务人或者第三人的动产，一方面对债务人产生心理压力，从而迫使其尽快履行债务。另一方面防止债务人处分担保财产，保证债权优先受偿。如果允许当事人采取占有改

① 2007年《民事诉讼法》第二百零四条规定：“执行过程中，案外人对执行标的提出书面异议的，人民法院应当自收到书面异议之日起十五日内审查，理由成立的，裁定中止对该标的的执行；理由不成立的，裁定驳回。案外人、当事人对裁定不服，认为原判决、裁定错误的，依照审判监督程序办理；与原判决、裁定无关的，可以自裁定送达之日起十五日内向人民法院提起诉讼。”

定的方式设立质权，就违背了动产质权制度的设立目的。[①]

我们认为，本案中刘某是否享有质权，取决于刘某是否可以通过占有改定的方式来设定质权，因为质权设定后质权人又将质押财产交回出质人与占有改定的效果完全相同。我们同意第二种观点。下面通过目的解释的方法来阐明理由。

目的解释，是指从文本出发，通过探求立法目的和立法意旨，阐明法律条文的含义、寻求妥当的裁判依据的方法。[②] 目的解释和文义解释、体系解释等相比较，已经在一定程度上脱离了文本。目的解释是在文本的含义不清晰时所采用的方法。当文本的意思明确时，一般不需要借助立法目的来明确其含义。通常来讲，目的解释运用的大致步骤是：

第一，从文义出发解释法律条文，确定其可能存在的多种解释结论。就《物权法》第二百一十二条的文义来看，“质权自出质人交付质押财产时设立。”也就是说，质权的设立必须要出质人交付质押财产。如果质押财产没有交付，虽然质押合同有效，但是质权却没有设立，其原理就是物权变动的原因与物权变动的结果相区分的原则，法律依据是《物权法》第十五条和第二百一十二条的明文规定。但质权设立后，质权人将质押财产又交回出质人的，债权人是否还享有质权？仅从该条规定的文义来看，得不出明确的结论。相反，我们却可以确定其存在两种解释结论：一种结论是债权人刘某还享有质权；另一种结论是债权人刘某不再享有质权。

第二，从法律文本自身出发来探求立法目的。当法律条文的内容不明晰时，有必要通过探求立法目的来确定解释结论。在确定目的解释确有必要的情况下，应当从如下几个方面来确定立法目的：

1. 通过法律文本的直接表述来确定其立法目的。法律文本中可能明确阐明了其立法目的，这在我国法律中比较普遍。目的解释应当从客观的文本出发来探究立法者的目的。任何法律的设定，立法者都要确定一定的目的。这里所说的目的就是法律规范所要达到的效果。法律在设定

① 王利明：《法律解释学导论——以民法为视角》，法律出版社 2009 年版，第 295 页。

② 王利明：《法律解释学导论——以民法为视角》，法律出版社 2009 年版，第 302 页。

任何一个条款的时候都具有其目的性。绝大多数法律规范在适用过程中都可以直接发现立法者的意图。按照立法目的进行解释，才能实现法律的目标。[①]“解释者应当站在立法者的立场上，模拟后者再次形成法律思想。”[②]《物权法》第二百零八条第一款规定：“为担保债务的履行，债务人或者第三人将其动产出质给债权人占有的，债务人不履行到期债务或者发生当事人约定的实现质权的情形，债权人有权就该动产优先受偿。”据此，动产质权的设立要求出质人或者第三人将其动产交付给债权人占有，以保证在债务人不履行到期债务或者发生当事人约定的实现质权的情形时，债权人能够留置该财产，并就该动产优先受偿。《物权法》第二百一十二条也规定：“质权自出质人交付质押财产时设立。”应当指出的是，出质人向质权人移转质押财产的占有，即质押财产的交付不局限于现实交付，也包括简易交付与指示交付。所谓简易交付，是指动产物权设立和转让前，如果权利人已经依法占有了该动产，就无需再行实际交付，从法律行为发生效力时起直接发生物权变动的效力。对此，《物权法》第二十五条规定：“动产物权设立和转让前，权利人已经依法占有该动产的，物权自法律行为生效时发生效力。”所谓指示交付，是指当事人在动产物权设立和转让时，如果该动产已经由第三人占有，负有交付义务的人可以将其对第三人的返还请求权转让给新的权利人，以代替物的实际交付。对此，《物权法》第二十六条规定：“动产物权设立和转让前，第三人依法占有该动产的，负有交付义务的人可以通过转让请求第三人返还原物的权利代替交付。”动产质权以移转占有为生效要件的原因在于：与不动产物权变动所不同的是，动产物权的变动以占有为公示要件，且质权须通过留置效力实现其担保主债权实现的功能。如果不使债权人占有动产，既无法向外界公示动产上存在的质权，容易使第三人蒙受不测的损害，也不能保全质权的效力，债权人在实现质权时会发生严重的困难。如果令债权人占有动产，就可以避免此种弊端。本案中，在牛已

---

① 王利明：《法律解释学导论——以民法为视角》，法律出版社 2009 年版，第 317 页。

② ［德］萨维尼：《萨维尼法学方法论讲义与格林笔记》，杨代雄译，胡晓静校，法律出版社 2008 年版，第 7 页。

经交回给李某的情况下，无法向外界公示该牛上存在刘某享有的质权，如果认定刘某还享有质权，其结果就会使张某蒙受不测的损害。同时，也不能保全刘某享有的“质权”的效力，因为李某任何时候都可以出卖该头牛，也可以在该牛上再设定动产质权，将该牛交付其他债权人占有。可见，刘某要想一直保持其对该头牛享有的质权，就不能将牛交回给李某。一旦交回，从交回之时起，刘某的质权就丧失了。

2. 制度目的的探究。《物权法》设立动产质权制度的目的，是保证“债务人不履行到期债务或者发生当事人约定的实现质权的情形，债权人有权就该动产优先受偿。”动产不同于不动产，要使债权人就动产优先受偿，必须有法定的公示方式，债权人必须占有动产，这就是学理上讲的动产质权属于留置型担保。因此，出质人不得以占有改定的方式设定质权；质权设定后，质权人又交回质押财产给出质人的，其效果与占有改定相同，故债权人不得再享有质权。申言之，一方面，动产质权以占有作为公示要件，如果出质人代质权人占有质押财产，或者质权设定后质权人又交回质押财产给出质人，则无法将该动产上所设立的质权加以公示，必将损害交易安全；另一方面，由于质权属于留置型的担保，如果出质人仍直接占有质押财产，那么质权人无法对质押财产加以留置，质权的留置效力丧失殆尽。

## 四、最高人民法院民一庭裁判观点

《物权法》第二百零八条第一款规定：“为担保债务的履行，债务人或者第三人将其动产出质给债权人占有的，债务人不履行到期债务或者发生当事人约定的实现质权的情形，债权人有权就该动产优先受偿。”《物权法》第二百一十二条规定：“质权自出质人交付质押财产时设立。”据此，质权人将质押财产交回出质人后不再享有质权。

## 【新旧法律依据对照】

| 旧法 | 新法 | 旧司法解释 | 新司法解释 |
|---|---|---|---|
| **《物权法》**<br>**第二百一十二条**<br>质权自出质人交付质押财产时设立。 | **《民法典》**<br>**第四百二十九条**<br>质权自出质人交付质押财产时设立。 | **《担保法司法解释》**<br>**第八十七条**<br>出质人代质权人占有质物的，质押合同不生效；质权人将质物返还于出质人后，以其质权对抗第三人的，人民法院不予支持。<br>因不可归责于质权人的事由而丧失对质物的占有，质权人可以向不当占有人请求停止侵害、恢复原状、返还质物。<br>**第八十八条**<br>出质人以间接占有的财产出质的，质押合同自书面通知送达占有人时视为移交。占有人收到出质通知后，仍接受出质人的指示处分出质财产的，该行为无效。<br>**第八十九条**<br>质押合同中对质押的财产约定不明，或者约定的出质财产与实际移交的财产不一致的，以实际交付占有的财产为准。 | **《民法典担保制度司法解释》**<br>**第五十五条**<br>债权人、出质人与监管人订立三方协议，出质人以通过一定数量、品种等概括描述能够确定范围的货物为债务的履行提供担保，当事人有证据证明监管人系受债权人的委托监管并实际控制该货物的，人民法院应当认定质权于监管人实际控制货物之日起设立。监管人违反约定向出质人或者其他人放货、因保管不善导致货物毁损灭失，债权人请求监管人承担违约责任的，人民法院依法予以支持。<br>在前款规定情形下，当事人有证据证明监管人系受出质人委托监管该货物，或者虽然受债权人委托但是未实际履行监管职责，导致货物仍由出质人实际控制的，人民法院应当认定质权未设立。债权人可以基于质押合同的约定请求出质人承担违约责任，但是不得超过质权有效设立时出质人应当承担的责任范围。监管人未履行监管职责，债权人请求监管人承担责任的，人民法院依法予以支持。 |

续表

| 旧法 | 新法 | 旧司法解释 | 新司法解释 |
| --- | --- | --- | --- |
| **《物权法》**<br>**第二百零八条**<br>为担保债务的履行，债务人或者第三人将其动产出质给债权人占有的，债务人不履行到期债务或者发生当事人约定的实现质权的情形，债权人有权就该动产优先受偿。<br>前款规定的债务人或者第三人为出质人，债权人为质权人，交付的动产为质押财产。 | **《民法典》**<br>**第四百二十五条**<br>为担保债务的履行，债务人或者第三人将其动产出质给债权人占有的，债务人不履行到期债务或者发生当事人约定的实现质权的情形，债权人有权就该动产优先受偿。<br>前款规定的债务人或者第三人为出质人，债权人为质权人，交付的动产为质押财产。 | | **《民法典担保制度司法解释》**<br>**第五十五条**<br>债权人、出质人与监管人订立三方协议，出质人以通过一定数量、品种等概括描述能够确定范围的货物为债务的履行提供担保，当事人有证据证明监管人系受债权人的委托监管并实际控制该货物的，人民法院应当认定质权于监管人实际控制货物之日起设立。监管人违反约定向出质人或者其他人放货、因保管不善导致货物毁损灭失，债权人请求监管人承担违约责任的，人民法院依法予以支持。<br>在前款规定情形下，当事人有证据证明监管人系受出质人委托监管该货物，或者虽然受债权人委托但是未实际履行监管职责，导致货物仍由出质人实际控制的，人民法院应当认定质权未设立。债权人可以基于质押合同的约定请求出质人承担违约责任，但是不得超过质权有效设立时出质人应当承担的责任范围。监管人未履行监管职责，债权人请求监管人承担责任的，人民法院依法予以支持。 |

续表

| 旧法 | 新法 | 旧司法解释 | 新司法解释 |
|---|---|---|---|
| **《物权法》**<br>**第十五条**<br>当事人之间订立有关设立、变更、转让和消灭不动产物权的合同，除法律另有规定或者合同另有约定外，自合同成立时生效；未办理物权登记的，不影响合同效力。 | **《民法典》**<br>**第二百一十五条**<br>当事人之间订立有关设立、变更、转让和消灭不动产物权的合同，除法律另有规定或者当事人另有约定外，自合同成立时生效；未办理物权登记的，不影响合同效力。 | | |
| **《物权法》**<br>**第二十五条**<br>动产物权设立和转让前，权利人已经依法占有该动产的，物权自法律行为生效时发生效力。 | **《民法典》**<br>**第二百二十六条**<br>动产物权设立和转让前，权利人已经占有该动产的，物权自民事法律行为生效时发生效力。 | | |
| **《物权法》**<br>**第二十六条**<br>动产物权设立和转让前，第三人依法占有该动产的，负有交付义务的人可以通过转让请求第三人返还原物的权利代替交付。 | **《民法典》**<br>**第二百二十七条**<br>动产物权设立和转让前，第三人占有该动产的，负有交付义务的人可以通过转让请求第三人返还原物的权利代替交付。 | | |

续表

| 旧法 | 新法 | 旧司法解释 | 新司法解释 |
| --- | --- | --- | --- |
| 《物权法》<br>第二十七条<br>动产物权转让时，双方又约定由出让人继续占有该动产的，物权自该约定生效时发生效力。 | 《民法典》<br>第二百二十八条<br>动产物权转让时，当事人又约定由出让人继续占有该动产的，物权自该约定生效时发生效力。 | | |

## 【法律适用指引】

### 法律适用指引一

让与人所让与的返还请求权的范围

关于让与人所让与的返还请求权是否仅限于对特定第三人的返还请求权，还是包括不特定第三人的返还请求权。对这一问题，理论和实践中存在着不同观点。一种观点认为，在指示交付中，出让人转让的返还请求权应当是对特定第三人的返还请求权，如果其物被他人占有以后，出让人不知道何人占有其动产，因而不能对特定的占有人提出请求，当然不能将这种返还请求权转让给受让人。[①] 另一种观点则认为，让与人所让与的所有物返还请求权，不仅包括现时占有人的返还请求权，而且还包括将来其他占有人的返还请求权。即使某动产不知被何人占有，例如被盗之物被盗贼抛弃，不知由何人占有，所有权人的返还请求权也可以让与。[②] 我们认为，《民法典》既然已经认可第三人非依法占有动产的，

① 王利明：《物权法研究》，中国人民大学出版社 2002 年版，第 188 页。

② 史尚宽：《物权法》，中国政法大学出版社 2000 年版，第 41 页。

亦构成指示交付。则让与人所让与的返还请求权，既可以是对特定第三人的返还请求权，也可以是对不特定第三人的返还请求权。且法律规定指示交付方式的目的，在于促使交易更加便捷，满足经济生活的实际需要。实际经济生活中既然存在着对不特定第三人的返还请求权，而承认这种返还请求权对交易安全又不会构成妨害，没有必要限制该种返还请求权的转让。

---

**法律适用指引二**

返还请求权的让与是否需要通知第三人

---

对此，存在着不同观点。一种观点认为，如果让与人让与的是债权请求权，应当适用债权转让的规则，通知第三人；如果让与的是物权请求权，则无须通知第三人。物权变动只涉及当事人之间的利益，对第三人应该并无妨害。大多数观点认为，让与人让与债权请求权时，固然应适用债权转让的规则，履行通知第三人的义务；让与物权请求权时，也应类推适用有关债权转让的规定，通知第三人。[①] 我们认为，《民法典》虽然未明确规定让与人通知第三人的义务，但在实际操作中，让与人在让与返还请求权之后，可以及时通知第三人，以防止第三人再将该动产返还给让与人，导致交易过程复杂化；同时也便于受让人向第三人主张权利时，第三人向受让人履行义务。同时，通知第三人并非动产物权变动的生效要件，未通知第三人不影响动产物权变动的效力。如果第三人因未接到通知而将该动产返还让与人的，让与人应当将该动产及时交付受让人。

① 谢在全:《民法物权论》（上册），中国政法大学出版社 1999 年版，第 103 页。

## 法律适用指引三

### 占有改定方式的效力不低于现实交付方式

占有改定虽然是一种观念交付，但作为一种法定交付方式，可以产生交付的效果。例如，甲将一套无人机设备出售给乙后，又与乙达成租用三个月的协议代替交付。租用期间，甲又将该套无人机设备出售给丙，并实际交付给丙。在上述情况下，乙虽然未直接占有该套无人机设备，应认为其已通过占有改定取得了所有权。因甲对该套无人机设备已丧失所有权，再出售给丙即构成无权处分。如果丙受让该套无人机设备时符合善意取得的有关规定，依照《民法典》第三百一十一条的规定，应认定丙取得该套无人机设备的所有权。其中，丙取得所有权并非由于现实交付的效力高于占有改定，而是由于丙取得该套无人机设备构成了善意取得。

## 法律适用指引四

### 占有改定下是否能发生善意取得

依照《民法典》第三百一十一条的规定，善意取得的要件之一是转让的不动产或动产依照法律规定应当登记的已经登记，不需要登记的已经交付给受让人。值得探讨的是，这里所说的“交付”是否包括占有改定，也就是说，善意受让人能否以占有改定方式取得动产所有权。对此，理论和实务界一直存在争论。肯定说认为，占有改定能够发生善意取得的适用问题；否定说则认为，在占有改定下没有善意取得制度的适用；折中说则认为，占有改定可以发生善意取得的效力，但善意取得的权利必须于标的物实际交付后才能确定。此外，在该问题上还有类型化说、共同损失分担说等观点。[①] 从其他国家和地区来看，立法或判例大都否认

① 孙鹏：《物权公示论——以物权变动为中心》，法律出版社 2004 年版，第 371~375 页。

了占有改定下的善意取得。如《德国民法典》第933条规定："根据第930条（占有改定）的规定出让的物不属于出让人的，在出让人将物交付于受让人时，受让人成为所有权人，但其在当时非出于善意的除外。"日本判例也否认占有改定时的善意取得。鉴于占有改定方式公示作用不足，否定占有改定下善意取得的适用，更有利于保护当事人的合法权益及维护交易安全。因此，我们倾向于认为，占有改定下不能发生善意取得。

---

**法律适用指引五**

除了现实中已经存在的动产，占有改定制度还适用于将来可以取得的动产

---

例如，甲向乙购买一台尚未生产出的设备，双方约定该设备生产出来后由乙暂时保管。因此，该设备生产完毕时，甲取得设备所有权，并以间接占有以代替现实交付。

---

**法律适用指引六**

动产质权的善意取得

---

在出质人以自己无所有权或者无处分权的财产出质的场合，该质押是否有效以及质物的所有人能否向质权人追索，涉及质权人对质权的善意取得问题。质权的善意取得，和动产所有权善意取得一样，存在质权人和动产所有人两个主体利益的平衡问题。如果肯定质权的善意取得，就会使所有人的权益置于风险之中；如果否定质权的善意取得，则会造成质权的不安全。应当看到，动产质权是以质权人占有标的物为其成立和存续要件，只有占有质物才能给出质人以较重的责任并给予质权人以权利保障。根据民法原理，质权设定以占有为公示方式，而无登记或者注册制度，因此，债权人往往无法审查出质人是否具有所有权或处分权。如果质物交付后，真正的权利人可以追夺，则动产质权制度将变得毫无

意义。因此，为保护善意取得动产质权的质权人和维护交易安全，各国民法普遍承认质权的善意取得，即使债务人无权处分质物，质权人仍可取得质权。[①] 我国《物权法》对此也予以了承认，《民法典》物权编也沿用了这一规则，具体规则可以适用《民法典》物权编第三百一十一条的规定，参照适用动产所有权的善意取得规则。

## 【类案裁判观点】

### 类案裁判观点一

当事人是否办理物权登记，不影响合同的效力

所谓未办理物权登记不影响合同效力，具体包括如下几方面内容：

1. 不影响继续履行。如果当事人之间订立了物权变动合同，而没有办理登记，合同仍然有效。当事人负有依据有效的合同继续办理登记的义务。区分登记与合同的效力，就意味着在一方当事人未按照合同约定办理登记时，另一方有权请求其继续办理登记。例如，当事人双方订立了房屋买卖合同之后，合同就已生效，如果移交占有但没有办理登记手续，买受人可以根据合同约定请求继续履行合同。因此，除非法律有特别规定，登记的效力仅针对物权变动，而并不针对合同效力。

2. 不影响解约、追责条款的约束力。在登记之前，当事人就不动产物权的变动订立了合同，合同关系已经成立并生效，合同条款对双方当事人具有约束力，任何一方违反合同都应当承担违约责任。如果一方依据合同应负有办理登记的义务而未办理登记构成根本违约，则另一方可以选择请求继续履行，也有权请求解除合同，要求对方承担违约责任。

3. 已履行部分取得的合法权益免于非法剥夺。在没有办理登记之前，不动产物权不能变动。但是因为合同已经生效，所以依据有效合同而交

① 最高人民法院物权法研究小组编著：《〈中华人民共和国物权法〉条文理解与适用》，人民法院出版社2007年版，第620页。

付之后，买受人的占有仍然受到保护。针对第三人的侵害不动产的行为，买受人可以基于对不动产的占有提起占有之诉。

---

**类案裁判观点二**

在一物数卖，存在多个不动产买卖合同的情形应当准确把握物权登记与合同效力的认定问题

---

依据《民法典》第二百一十五条的规定，应当注意，未办理物权过户登记不影响不动产买卖合同自成立时生效，已办理物权变更登记的买卖合同也不必然有效，如《民法典》第一百五十四条规定，行为人与相对人恶意串通，损害他人合法权益的民事法律行为无效。对于交易不真实，恶意串通损害他人合法权益的，即使办理了物权登记，亦应认定无效。实践中，住房建设部门为对新建商品房的销售进行管理，完成宏观调控的任务，要求房地产开发企业对预售商品房买卖合同进行网签备案。需要注意的是，网签备案并非物权登记，也不是商品房买卖合同的生效要件，但明知不动产已网签备案给他人，虚构交易关系签订买卖合同，不能认定该商品房买卖合同有效。

---

**类案裁判观点三**

在简易交付中无需考虑受让人基于何种原因占有动产

---

在简易交付中，受让人须于动产物权设立和转让前先行占有该动产，但受让人基于何种原因占有该动产，审判实践中无需考虑。在现实经济生活中，受让人在动产物权变动前可能基于租赁、委托、保管、质权等多种原因占有该动产，不论受让人基于何种原因占有该动产，均不影响动产物权设立和转让的效率。因此，审判实践中没有必要花费过多精力去查明受让人先行占有动产的原因。关于占有是否必须合法，在《民法典》的制定过程中是存在争议的。一种观点认为，占有必须合法，否则非法的占有还可以适用简易交付的规则的话，势必保护非法占有人，引

发更大纠纷的结果。另一种观点认为，简易交付本身就是为了交易的便捷而产生的制度，占有人的占有合法与否在所不问，至于受让人占有的原因可以不予考虑。《物权法》第二十五条规定，权利人先行占有该动产须“依法”占有，权利人如果非法占有财产，就应当返还财产，不能发生简易交付的效力。这一点与其他国家和地区的规定不同。在其他国家和地区，一般不强调权利人的先行占有是否“依法”，《民法典》吸收了国外立法的这一观点，不再以“依法”占有作为简易交付适用的前提。也就是说，即使受让人占有动产系没有任何合法原因的无权占有，也不影响物权设立和转让的效力。例如，甲在路上捡到乙遗失的宠物狗一只，乙获悉后向甲索取，甲则向乙索要饲养费用。因协商未果，甲一直未将该狗返还给乙。后双方达成协议，乙将该狗出售予甲，协议生效后，甲即可取得该只宠物狗的所有权。又如，甲盗窃乙手机一部自用，后被抓获。乙有意更换一部新手机，遂表示愿意将甲盗窃的手机出售与甲，甲也表示同意。双方协议生效后，甲即取得该部手机的所有权。

## 【案例六】

# 未办理抵押登记的，抵押人应分别情况承担责任

——上诉人中国长城资产管理股份有限公司重庆市分公司与被上诉人重庆合成化工厂有限公司、重庆融海实业有限公司，一审被告重庆重大高科技股份有限公司、重庆重大高科物业发展有限公司欠款纠纷二审案*

**【法理提示】**

依照《物权法》第十五条所规定的物权变动与原因行为的区分原则，是否办理抵押权登记不影响抵押合同的效力。抵押合同是否有效，根据合同法相关规定予以判断。抵押合同有效但未办理抵押登记的情形下，抵押人负有两项义务：一项是协助债权人办理抵押登记的义务，另一项是承担合同上的担保义务。抵押人违约未给债权人办理抵押登记时，债权人既可以要求抵押人承担因违约导致抵押权不成立的损害赔偿责任，也可以要求抵押人承担合同上的担保义务。

上诉人（一审原告、再审被申请人）：中国长城资产管理股份有限公司重庆市分公司。

被上诉人（一审被告、再审申请人）：重庆合成化工厂有限公司。

被上诉人（一审被告、再审申请人）：重庆融海实业有限公司。

---

* 案例来源：最高人民法院民事审判第一庭编：《民事审判指导与参考》2019 年第 3 辑（总第 79 辑）。

一审被告：重庆重大高科技股份有限公司。

一审被告：重庆重大高科物业发展有限公司。

## 一、一审法院审理情况

本案原由中国长城资产管理股份有限公司重庆市分公司（以下简称长城资产公司）以重庆重大高科技股份有限公司（以下简称重大高科）、重庆合成化工厂有限公司（以下简称合成化工公司）、重庆融海实业有限公司（以下简称融海公司）、重庆重大高科物业发展有限公司（以下简称高科物业公司）为被告向重庆市高级人民法院（以下简称一审法院）提起诉讼，一审法院作出（2005）渝高法民初字第45号民事判决。该判决发生法律效力后，合成化工公司、融海公司向一审法院申请再审。一审法院裁定再审本案，并作出（2016）渝民再157号民事判决。长城资产公司不服该判决，向最高人民法院提起上诉。

长城资产公司向一审法院请求：1. 重大高科向长城资产公司支付转让款4410万元及违约金1187.5万元。2. 判令合成化工公司、融海公司、重大高科、高科物业公司向其承担因其过错行为导致担保瑕疵，长城资产公司不能受偿部分债权及违约金的赔偿责任。

一审法院认定事实：

2003年4月22日，长城资产公司（甲方）与重庆毛氏实业集团公司（以下简称毛氏集团）、重庆毛氏鞋业有限公司（以下简称毛氏鞋业）、重庆毛氏集团啤酒有限公司（以下简称毛氏啤酒）（三家企业共为乙方）、合成化工公司（丙方）、重大高科（丁方）签订《债权重组协议》一份。主要约定：一、关于股权抵偿债权，即丙方以其持有的丁方的法人股250万股权转让给长城资产公司，以抵偿乙方欠甲方250万元的债务。二、甲方在丙方以股权抵偿乙方的部分债务后，甲方将其依法享有的对乙方的全部剩余主债权即借款62笔本息17691.437665万元及其从债权自2003年4月21日起，以4750万元（债权折扣率为26.85%）的价格转让给丁方。由丁方按照下列方式和期限向甲方支付债权转让款：于2003年7月1日前付2000万元；同年12月20日前付200万元；余款

2550万元限于2004年底前按季度分4次付清，即2004年3月20日前、6月20日前、9月20日前各付700万元，2004年12月20日前付450万元。对于上述支付的款项，丁方以其持有的重庆重大高科技数码信息有限公司（以下简称高科数码公司）的全部股权作为质押担保，并在第一次付款后，按照相关程序办妥抵押登记手续使该项担保有效。约定违约责任为：任何一方不履行合同或者不按照合同的约定履行，应当向未违约方支付违约金，违约金为本合同债权转让总价款的25%。协议签订后，长城资产公司履行了合同义务。2003年6月3日，长城资产公司与重大高科签订补充协议，主要约定：重大高科在2003年7月1日前向长城资产公司支付首期债权转让款2000万元，若其到期不付，则偿付《债权重组协议》项下债权本金及利息1.77亿元。重大高科未按约定履行义务。2005年4月8日，长城资产公司与高科物业、合成化工公司、融海公司、重大高科签订补充协议（二），约定：高科物业、合成化工公司、融海公司同意对重大高科应负长城资产公司的付款义务承担各自相应的担保责任。其中：（1）高科物业应快速变现其资产，其资产变现的款项按法律规定优先清偿抵押担保物权后的剩余部分优先偿付给长城资产公司。（2）合成化工公司以其自有的重庆市沙坪坝区汉渝路斌鑫大厦房产5500平方米的产权及其所持有的重大高科的股权665.68万股向长城资产公司提供担保。（3）融海公司以其持有的重大高科全部股权1832.97万股向长城资产公司提供担保。担保的范围是本金、利息、违约金及实现债权的费用，担保的时效为主债务诉讼时效届满后二年内，本协议签订后即完善相关担保及公证手续。同月14日，长城资产公司分别与重大高科、合成化工公司、融海公司签订股权质押协议并在公证机关办理了质押公证手续，但均未将股份出质记载于股东名册。合成化工公司也未办理抵押登记。后重大高科支付给长城资产公司转让款340万元，现尚欠转让款4410万元未支付。

重大高科为非上市股份有限公司。该公司2003年10月27日章程第20条规定：公司的股本结构为普通股5500万股，其中重庆大学科技实业总公司持国有法人股2361.9万股，融海公司持法人股1832.97万股，合成化工公司持法人股665.68万股，刘晓钟持法人股389.44万股，长城资产公司持法人股8万股；章程第32条规定：股东名册是证明股东持有公司股份的充分证据等。高科数码公司为有限责任公司，其中重大高科持有该公司的股权1600万股。

一审法院在原一审中认为，2004年4月22日，长城资产公司与重大高科、毛氏集团、毛氏鞋业、毛氏啤酒、合成化工公司签订的《债权重组协议》是各方的真实意思表示，且不违反法律法规的强制性规定，应属有效。重大高科未按合同履行付款义务，已构成违约。2003年6月3日长城资产公司与重大高科签订的补充协议中约定，重大高科在2003年7月1日前向长城资产公司支付首期债权转让款2000万元，若其到期不付，则偿付《债权重组协议》项下债权本金及利息1.77亿元。补充协议变更了《债权重组协议》约定的权利义务关系，应执行补充协议约定的内容。重大高科在2003年7月1日前未向长城资产公司支付首期债权转让款2000万元，应按该补充协议向长城资产公司偿付《债权重组协议》项下债权本金及利息1.77亿元，长城资产公司主张违约金1187.5万元并不算过高。故长城资产公司主张由重大高科偿付转让款人民币4410万元、违约金1187.5万元的请求，予以支持。

关于本案质押、抵押合同的效力问题。重大高科、合成化工公司、融海公司与长城资产公司之间签订的质押合同以及合成化工公司以其房产为重大高科的债务向长城资产公司所作担保的抵押合同，是各方当事人的真实意思表示，该质押、抵押合同成立。《中华人民共和国担保法》第七十八条第三款规定："以有限责任公司的股份出质的，适用《中华人民共和国公司法》股份转让的有关规定。质押合同自股份出质记载于股东名册之日起生效"，《最高人民法院关于适用〈中华人民共和国担保法〉若干问题的解释》第一百零三条第一款、第三款规定："以股份有限公司的股份出质的，适用《中华人民共和国公司法》股份转让的有关规定。以非上市公司的股份出质的，质押合同自股份出质记载于股东名册之日起生效"。本案中，重大高科以持有的高科数码公司的股份出质，合成化工公司、融海公司以持有的重大高科的股份出质，虽然长城资产公司分别与重大高科、合成化工公司、融海公司在公证机关办理了质押公证手续，但是，因各方均没有按照《中华人民共和国公司法》股份转让的有关规定将质押合同中股份出质记载于股东名册。因此，本案质押合同未生效。长城资产公司对本案质押合同项下的股份不享有优先受偿权。按照担保法对质押没有规定的适用有关抵押的规定的原理，重大高科以持有的高科数码公司的股份出质，合成化工公司、融海公司以持有的重大高科的股份出质，违背诚实信用原则，没有按照《中华人民共和国公司法》有限责任公司股份出质，应经全体股东过半数同意和将质押合同中股份出质记载于股东名册、非上市股份公司股份出质应将质押合同中股份出质记载于股东名册的有关规定办理出质手续，致使长城资产公司的损失，合成化工公司、融海公司应当承担赔偿责任。因重大高科既是债务人又是担保人，不再承担连带赔偿责任。

《中华人民共和国担保法》第四十一条、第四十二条规定："当事人以城市房地产抵押的，应当办理抵押物登记，抵押合同自登记之日起生效"，《最高人民法院关于〈适用中华人民共和国担保法〉若干问题的解释》第五十六条第二款规定："法律规定登记生效的抵押合同签订后，抵押人违背诚实信用原则拒绝办理抵押登记致使债权人受到损失的，抵押人应当承担赔偿责任。"本案中，合成化工公司以其自有的重庆市沙坪坝区汉渝路斌鑫大厦5500平方米的房产向长城资产公司提供担保，但其违背诚实信用原则未办理抵押登记致使长城资产公司经济损失，合成化工公司应当承担赔偿责任。

关于高科物业是否承担责任的问题。根据《中华人民共和国担保法》第十九条的规定："当事人对保证方式没有约定或者约定不明确的，按照连带责任保证承担保证责任"。本案中，长城资产公司与高科物业、合成化工公司、融海公司、重大高科签订补充协议（二）约定：高科物业、合成化工公司、融海公司同意对重大高科应负长城资产公司的付款义务承担各自相应的担保责任。其中：高科物业应快速变现其资产，其资产变现的款项按法律规定优先清偿抵押担保物权后的剩余部分优先偿付给长城资产公司。高科物业的担保属于保证性质，因对保证方式约定不明确，故高科物业依法应对本案债务承担连带保证责任。据此判决：一、由重大高科偿付长城资产公司转让款4410万元，违约金1187.5万元；二、高科物业对重大高科上述付款义务承担连带清偿责任；三、由合成化工公司、融海公司对重大高科上述付款义务承担其不能清偿部分的赔偿责任；四、驳回长城资产公司的其他诉讼请求。

合成化工公司、融海公司向一审法院申请再审称：(1)涉案质押合同中的股份出质已记载于重大高科股东名册，(2005)渝高法民初字第45号判决对此事实认定错误。(2)(2005)渝高法民初字第45号判决担保人承担超过担保物价值范围的赔偿责任，适用法律错误。(3)(2005)渝高法民初字第45号判决认定其违背诚实信用原则拒绝办理相关手续缺乏事实依据，将本案抵押质押协议成立未生效的责任全部归责于一方是错误的。(4)(2005)渝高法民初字第45号判决超出了长城资产公司诉讼请求的范围。

一审法院再审认为：

1. 关于本案股权质押是否登记于股东名册，质押协议是否生效的问题。再审中，合成化工公司、融海公司举示了《非上市公司股份质押登记证书》(2005渝押证字第0062、0064号)，经核实，该登记证书内仅有记载股权质押情况的股东名册复印件，并无原件，公证过程中的相关笔录亦无与原件核对的记录。其与本案一审案卷卷宗贰第86页的股东名册复印件，存在明显差异。一审庭审中，重大高科一直陈述本案股权质押并没有记载于该公司股东名册。现长城资产公司对该复印件的真实性不予认可。合成化工公司、融海公司主张其股权质押已经记载于重大高科股东名册，其对自己的主张负有举证责任，其举示的上述证据并不能充分证明自己的主张，故应当认定本案股权质押并未记载于重大高科股东名册，(2005)渝高法民初字第45号判决对此事实认定并无不妥。根据《中华人民共和国担保法》第七十八条、《最高人民法院关于适用〈中华人民共和国担保法〉若干问题的解释》第一百零三条、《最高人民法院关于适用〈中华人民共和国合同法〉若干问题的解释(一)》第九条的规定，本案质押协议成立但并未生效。

2. 合成化工公司、融海公司是否应当在抵押房产、质押股权的价值范围内承担赔偿责任。在物的担保合同中，担保人的目的是以担保物的价值保证债权人债权的实现，其订立担保合同时预见到或者应当预见到的因其违反担保合同可能给担保权利人造成的损失最多为担保物的全部价值。《中华人民共和国合同法》第一百一十三条规定，当事人一方不履行合同义务或者履行合同义务不符合约定，给对方造成损失的，损失赔偿额应当相当于因违约所造成的损失，包括合同履行后可以获得的利益，但不得超过违反合同一方订立合同时预见到或者应当预见到的因违反合同可能造成的损失。根据上述规定，物的担保人赔偿担保权利人损失的范围应当在担保物的价值范围内赔偿，而不是对债权人的全部损失进行赔偿，即在本案中，合成化工公司、融海公司应当在抵押房产、质押股权的价值范围内承担赔偿责任。（2005）渝高法民初字第45号判决不加限制要求合成化工公司、融海公司对长城资产公司的损失进行赔偿，适用法律不当。

3. 合成化工公司、融海公司是否违背诚实信用原则拒绝办理相关手续，及其对本案抵押质押协议成立未生效应承担的责任份额。所谓拒绝办理是指在权利人一方请求办理的情况下，义务人相对方明确表示或通过行为事实上不愿意办理。没有证据证明本案存在长城资产公司请求办理，合成化工公司、融海公司明确表示不愿意或通过行为事实上不愿意办理的情形。故（2005）渝高法民初字第45号判决适用《最高人民法院关于适用〈中华人民共和国担保法〉若干问题的解释》第五十六条第二款的规定，认定事实错误，适用法律不当。

2005年4月8日长城资产公司与合成化工公司、融海公司的补充协议（二）约定：……2. 合成化工公司以其自有的重庆市沙坪坝区汉渝路斌鑫大厦5500平方米的房产及其所持有的重大高科的股权665.68万股向长城资产公司提供担保。3. 融海公司以其持有的重大高科全部股权1832.97万股向长城资产公司提供担保。……本协议签订后即完善相关担保及公证手续。该协议没有对办理抵押质押手续的行为人作出明确约定。根据诚信原则和交易习惯，抵押质押人应当主动办理抵押质押相关手续，抵押质押权人予以配合。本案抵押质押协议成立但并未生效，其原因首先在于合成化工公司、融海公司怠于履行自己义务，其次是长城资产公司疏于催告。长城资产公司疏于催告，其承受直接不利后果是抵押权不产生，没有优先受偿权。按照合同正常履行，合成化工公司、融海公司本应就全部抵押质押物承担担保责任，本案担保合同成立未生效，对合成化工公司、融海公司并不产生损失；同时，从反向的角度，如果按过错划分赔偿比例，合成化工公司、融海公司实质上会因违反义务而获益，故合成化工公司、融海公司不能以长城资产公司疏于催告作为减轻自己赔偿责任的理由，其仍应就全部担保物价值承担赔偿责任。（2005）渝高法民初字第45号判决虽然适用《最高人民法院关于适用〈中华人民共和国担保法〉若干问题的解释》第五十六条第二款的规定不当，但不影响合成化工公司、融海公司的赔偿份额。

4. 原判是否超出长城资产公司诉讼请求。经查，在2006年3月6日的询问笔录中，法院向长城资产公司释明因长城资产公司质押、抵押未生效，其可以变更诉讼请求，也可以不变更。其后，长城资产公司变更诉讼请求为：判令四被告向其承担因其过错行为导致担保瑕疵，长城资产公司不能受偿部分债权及违约金的赔偿责任。本案担保瑕疵既包含质押也包含抵押，故应当认定长城资产公司对因质押和抵押没有生效造成的损失都进行了主张。合成化工公司、融海公司认为（2005）渝高法民初字第45号判决超出长城资产公司诉讼请求范围的理由不成立。

综上，一审判决：一、维持（2005）渝高法民初字第45号民事判决第一、二、四项；二、变更（2005）渝高法民初字第45号民事判决第三项为：由合成化工公司在抵押房产、质押股权价值范围内，融海公司在质押股权价值范围内对重大高科上述付款义务不能清偿部分承担赔偿责任。案件受理费144955元，保全费140210元，共计285165元，由重大高科承担。

## 二、最高人民法院二审审理情况

长城资产公司不服一审判决，向最高人民法院提起上诉，请求：撤销（2016）渝民再157号判决，维持（2005）渝高法民初字第45号判决，或查明事实后对（2005）渝高法民初字第45号判决第二项予以改判。主要事实和理由：（1）再审部分事实认定错误。第一，再审认为无证据证明合成化工公司拒绝办理房产抵押登记，对“拒绝”进行了不合理的限缩解释。一审庭审笔录载明，经法庭一再询问，融海公司均答复抵押登记办不到，足以认定合成化工公司系拒绝办理房产抵押登记。且办理抵押登记本应是合成化工公司的单方义务，不应以权利人催告为前提，而在合成化工公司未主动履行其登记义务的几个月后，长城资产公司便对此提起诉讼以确认自己的权利。第二，在一审庭审笔录中，重大高科陈述一直未办理股权质押事宜，坚称公司未设股东名册。表明案涉股权质押未按当时法律规定记载于股东名册，质押未生效。再审判决遗漏此项事实。第三，重大高科于2011年1月6日被吊销营业执照，案涉股权客观上已无法办理质押登记，故案涉《股权质押协议》应确定为无效。（2）再审适用法律错误。一审判决未做赔偿范围解释并非属于适用法律错误，不属于再审事由，再审无权对此进行改判。从长城资产公司与合成化工公司、融海公司约定的内容，以及重大高科当时已聘请长城资产公司为其上市辅导公司这一事实可知，长城资产公司在当时对案涉债权的期待利益必然是全部受偿，根据《中华人民共和国担保法》第三十五条以及《最高人民法院关于适用〈中华人民共和国担保法〉若干问题的解释》第五十六条第二款的规定，合成化工公司和融海公司应在长城资产公司债权不能实现的范围内承担赔偿责任。再者，再审改判适用《中华人民共和国合同法》第一百一十三条，仍未明确担保物的价值，而被上诉人在签订《股权质押协议》时不愿办理股权质押登记，却在股权不值钱时主张股权质押有效，并要求在股权价值范围内赔偿，明显违反了诚实信用原则，损害了债权人的利益。最后，根据《中华人民共和国合同法》第一百二十三条的规定，关于物权担保合同无效的法律后果，应当适用《中华人民共和国担保法》及其司法解释的规定。再审直接适用《中华人民共和国合同法》第一百一十三条的规定属法律适用错误。（3）再审程序错误。一方面，再审启动依据错误，本案杂糅了当事人提起再审与法院主动发现两种方式，违反了《中华人民共和国民事诉讼法》

对启动再审的规定。另一方面，裁定再审时间存疑。本案中被上诉人申请再审的时间为 2014 年 10 月 22 日，远超法律规定的当事人申请再审的期限，2015 年 9 月 21 日长城资产公司、中豪律师事务所、合成化工公司达成执行和解协议，一审法院也一直未按协议执行，而于 2016 年 6 月 2 日裁定再审。

最高人民法院二审认为，根据各方当事人的诉辩主张，本案二审的争议焦点为：合成化工公司和融海公司应当承担责任的范围如何确定。

1. 一审法院关于无证据证明合成化工公司、融海公司违背诚实信用原则拒绝办理相关登记手续的认定是否正确。《房屋登记办法》（原建设部令第 168 号）第十二条第一款规定，申请房屋登记，应当由有关当事人双方共同申请。对于可以由当事人单方申请登记的情形，《房屋登记办法》第十二条第二款做了列明，本案所涉情形并未被包括在内；其时生效的《土地登记办法》（国土资源部令第 40 号）第七条规定，土地登记应当由当事人共同申请，对于可以由单方申请的情形，该条亦进行了列明，所列明的亦不包括本案所涉情形。依据《房屋登记办法》和《土地登记办法》的前述规定，不动产物权登记以当事人共同申请为一般原则。二审庭审中，双方均认可就股权质押登记事宜曾共同到公证机关办理过公证。（2005）渝高法民初字第 45 号案判决基于相关登记未予办理之事实而认定合成化工公司、融海公司违背诚实信用原则拒绝办理，证据并不充分。在本案一、二审审理过程中，长城资产公司亦未提供证据对合成化工公司、融海公司违背诚实信用原则拒绝办理登记的相关事实加以证明，一审法院对该事实不予认定并无不妥。（2005）渝高法民初字第 45 号判决适用《最高人民法院关于〈适用中华人民共和国担保法〉若干问题的解释》第五十六条第二款关于“法律规定登记生效的抵押合同签订后，抵押人违背诚实信用原则拒绝办理抵押登记致使债权人受到损失的，抵押人应当承担赔偿责任”的规定，缺乏事实依据。

2. 关于案涉抵押合同和质押合同的效力。抵押合同及质押合同的成立及生效与担保物权的设定系基于不同的法律事实。《中华人民共和国物权法》第十五条规定：“当事人之间订立有关设立、变更、转让和消灭不动产物权的合同，除法律另有规定或者合同另有约定外，自合同成立时生效；未办理物权登记的，不影响合同效力”。本案中，虽然相关担保物未办理物权登记，但并不影响案涉抵押合同和质押合同的成立和生效。

3. 物的担保合同生效但担保物未办理登记情形下担保人责任的承担。首先，关于担保人所应承担责任的性质。在担保物办理了登记的情况下，债权人可以以其享有的担保物权就担保物直接行使优先受偿权，在担保物未办理登记的情况下，因担保人在担保合同中已经作出提供担保物以担保案涉债权实现的明确意思表示，未办理担保物登记之事实并不导致该合同义务的消灭，担保人仍应就担保合同项下的相关义务承担合同责任，包括依约对担保物的登记予以积极协助的责任，以及因其违约行为致使债权人受到损失而应承担的赔偿责任等。长城资产公司在（2005）渝高法民初字第45号案中的诉讼请求并不涉及要求抵押人和质押人协助办理登记之事项，仅涉及合成化工公司、融海公司赔偿责任的承担，（2005）渝高法民初字第45号案判决及一审法院再审判决均直接判令合成化工公司、融海公司承担相关赔偿责任，并无不当；其次，关于合成化工公司、融海公司承担赔偿责任的范围。设定担保物权的功能在于以担保物的价值保障债权人债权的实现。司法实践中，担保物的价值并非总和所担保债权的数额相等。《最高人民法院关于〈适用中华人民共和国担保法〉若干问题的解释》第七十三条规定，抵押物折价或者拍卖、变卖该抵押物的价款低于抵押权设定时约定价值的，应当按照抵押物实现的价值进行清偿。不足清偿的剩余部分，由债务人清偿。因此，对于抵押人和质押人而言，其系以抵押物和质押物的价值为限对所担保的债权承担担保责任。根据《中华人民共和国物权法》第一百九十三条的规定，因抵押人的行为导致抵押财产价值减少的，抵押权人也仅仅是有权要求抵押人停止其行为、要求恢复抵押财产的价值，或者提供与减少的价值相应的担保，抵押人不恢复抵押财产的价值也不提供担保的，抵押权人有权要求债务人提前清偿债务。此种情形下债权人亦无权要求抵押人在抵押物价值之外承担责任。再次，因抵押人和质押人所承担的是担保合同项下的合同义务，根据《中华人民共和国合同法》第一百一十三条，当事人一方不履行合同义务或者履行合同义务不符合约定，给对方造成损失的，损失赔偿额应当相当于因违约所造成的损失，但不得超过违反合同一方订立合同时预见到或者应当预见到的因违反合同可能造成的损失。债权人与抵押人、质押人签订物的担保合同时，对于其只能在担保物价值范围内享有优先受偿权有着明确的预见，合成化工公司、融海公司未办理房产抵押登记以及股权质押登记，给长城资产所造成的损失应当限于本应抵押的房产、本应质押的股权价值范围内。至于担保物价值嗣后的变动，属于当事人在订立合同时应当预见的正常风险。

长城资产公司主张一审法院启动再审超过了当事人申请再审的六个月期限，因本案再审的启动存在法院依职权提起再审的因素，长城资产公司的该主张并无依据。长城资产公司还主张裁定再审时间存疑，存在相关方恶意串通损害其利益之情形，但长城资产公司并未提供相关证据加以证明。

综上，一审法院认定事实清楚，审判程序合法，法律适用基本正确。依照《中华人民共和国民事诉讼法》第一百七十条第一款第一项的规定，判决：驳回上诉，维持原判。二审案件受理费144955元，由长城资产公司负担。

## 三、最高人民法院民一庭裁判观点

本案涉及的主要法律问题是未办理抵押或质押登记时，抵押或者质押合同是否生效；如果合同有效，抵押人应当承担何种责任，承担责任的范围如何确定。

关于未办理抵押或质押登记时，抵押或质押合同的效力问题。此问题在物权法施行后已不存在大的争议，《物权法》第十五条明确了不动产物权变动与其原因行为的区分原则，即“未办理物权登记，不影响合同效力”。该条虽然规定在“不动产登记”一节，但其中确定的区分原则应可类推适用动产、股权等物权变动情形，即动产、股权等是否发生物权变动不影响相应的合同效力，此与《最高人民法院关于审理买卖合同纠纷案件适用法律问题的解释》第三条规定的精神亦一脉相承。正如二审判决所述，抵押合同及质押合同的成立及生效与担保物权的设定系基于不同的法律事实，虽然相关担保物未办理物权登记，但并不影响案涉抵押合同和质押合同的成立和生效。最高人民法院二审虽然维持了一审判决结果，但对一审判决关于质押合同未生效的认定亦予以纠正。要特别说明的是，因本案当事人未诉请抵押人继续履行合同，办理抵押、质押登记，而是诉请损害赔偿责任，一审判决一方面认定质押合同未生效，而在合同未生效的情况下，当事人承担的应为缔约过失责任，但一审判决却以合同有效为基础，支持了当事人包括预期可得利益的赔偿损失诉讼请求。二审判决对此予以纠正，弥补了该逻辑漏洞。

关于抵押合同中双方的权利义务内容。单从不动产情况分析，根据物权法第九条规定，不动产物权的设立、变更、转让和消灭，经依法登记，发生效力；未经登记，不发生效力，但法律另有规定的除外。不动产物权变动原则上系采登记生效主义，在不动产未办理抵押登记的情况下，抵押权未设立，债权人不因此享有物权，若其诉请对该不动产行使抵押权，依据不足，对此，并无异议。有异议的是，此时抵押人应当承担何种责任。这需要对有效的抵押合同中双方权利义务内容进行细致分析。在抵押合同有效的情况下，债权人是否仅享有请求抵押人协助办理不动产抵押登记的权利，对此，笔者认为应作否定理解。从意思表示解释的角度看，双方当事人订立抵押合同的意图，并非仅仅是将来通过登记设立一项作为他物权的抵押权。在抵押合同中，双方对以抵押物折价或者以拍卖、变卖该财产的价款优先受偿以担保债权的意思表示是明确的，该种担保义务亦应为抵押人的合同义务。甚至可以说，办理抵押登记的登记请求权最终也是为了担保债务履行。正如《物权法》第一百七十九条规定所表述的，“为担保债务的履行”。因此，在抵押合同有效的情况下，债权人享有要求抵押人承担合同上担保义务的权利，虽然该种权利因未办理抵押登记并非物权，但在内部关系中，抵押人应当受债的约束。其和已经进行抵押登记的抵押合同相比，均具有担保功能，所不同的是如果设立抵押登记则具有对抗第三人的效力，债权人获得更强效力的物权保障，而未设立抵押登记的情况下，债务人以外的抵押人与债权人之间所创设的这种担保权利，在性质上属于债权，债权人仅具有合同上的请求权，不具备对抗第三人的效力，尤其是在该抵押物由第三人善意取得某种物权的情况下。此所谓物权的内部效力和外部效力之区别，也即双方关于物权变动的约定，在双方当事人内部是有效的，未发生物权变动，不产生物权变动的外部效力。由于每个人都是自身利益的最佳判断者，比如债权人认为抵押人无其他债权人，无需设立需要对抗其他人的抵押权。再如，债权人认为借款期限较短，进行抵押登记手续烦琐且需费用，仅依抵押合同所产生的债权请求权即可保障其债权，无需通过抵押登记设立抵押权。还有情形如债权人认为抵押人已经将不动产权利证书交给自己，不办理抵押登记，不存在大的风险，等等。基于意思自治原则，法律并不禁止债权人根据自己的判断来决定通过新设一个债权或新设一个物权对自己的债权进行担保，该种意思自治应当得到司法的尊重。这就如同在不动产买卖合同中，出卖人一方面有义务办理不动产所有权的转移登记；另一方面有义务向买受人交付不动产。即便尚未办理登记，买受人也有权请求出卖人交付不动产；如果不动产已经交付的，买受人尽管尚未取得不动产所有权，但他对该不动产的占有属有权占有。同理，在不动产抵押合同中，债权人一方面有权请求抵押人办理抵押登记，从而设立一项抵押权，另一方面，即使尚未办理抵押登记，未取得作为物权的抵押权，一旦债权履行期限届满，债权人未受清偿的，债权人也有权请求抵押人按照抵押合同的约定拍卖或变卖抵押物，以替主债务人清偿债务。对此，《担保法司法解释》第五十九条规定的精神可资参考。该条规定，当事人办理抵押物登记手续时，因登记部门的原因致使其无法办理抵押物登记，抵押人向债权人交付权利凭证的，可以认定债权人对该财产有优先受偿权。但是未办理抵押物登记的，不得对抗第三人。上述规定在例外情况下承认未经抵押登记的抵押合同产生担保权利。此外，《最高人民法院关于审理民间借贷案件适用法律若干问题的规定》第二十四条第二款也承认债的担保及在不能创设物权时发生相对性担保义务。该条第二款规定，借款人不履行生效判决确定的金钱债务，出借人可以申请拍卖买卖合同标的物以偿还债务。因此，对于有效成立的抵押合同，实际上产生两项请求权：一个是抵押权登记设立请求权，另一个是抵押物变价清偿请求权。两者在本质上都是债权，相对于被担保的主债权，两者属于从债权。

关于债权人的请求权基础。如上所述，对于有效成立的抵押合同，债权人享有两项主要合同权利，行使不同内容的合同权利对应不同的责任构成要件。抵押人按照抵押合同约定协助债权人办理抵押登记为其当然的合同义务，即便抵押合同中没有明确约定，抵押人亦负有该项义务。因此，如果继续办理抵押登记不存在法律或事实上履行不能的情况，债权人请求抵押人继续办理抵押登记的，可以根据合同法第一百零七条之规定，判决抵押人承担继续履行的违约责任。在不能继续办理抵押登记的情况下（也可能存在能够继续办理抵押登记，但债权人不主张办理登记而直接请求损害赔偿的情况，此种情况本文在此不作探讨），债权人以何种请求权作为基础，目前实践中存在争议。对此，笔者认为，在债权人以抵押人违约未办理抵押登记主张损害赔偿的情况，需要厘清以下问题：（1）该种请求权的基础在于抵押人负有办理抵押登记的义务，故该种责任属于合同法第一百零七条规定的违约责任范畴。（2）须确定抵押人存在违约行为。我国不动产登记以共同申请为原则，除非法律另有规定，因此，原则上办理抵押登记应当由当事人共同提出登记申请。对此，《房屋登记办法》第十二条第一款规定，申请房屋登记，原则上应当由有关当事人双方共同申请。《土地登记办法》第七条规定，土地登记原则上应当由当事人共同申请。《不动产登记暂行条例》第十四条规定，因买卖、设定抵押权等申请不动产登记的，应当由当事人双方共同申请。属于下列情形之一的，可以由当事人单方申请：①尚未登记的不动产首次申请登记的；②继承、接受遗赠取得不动产权利的；③人民法院、仲裁委员会生效的法律文书或者人民政府生效的决定等设立、变更、转让、消灭不动产权利的；④权利人姓名、名称或者自然情况发生变化，申请变更登记的；⑤不动产灭失或者权利人放弃不动产权利，申请注销登记的；⑥申请更正登记或者异议登记的；⑦法律、行政法规规定可以由当事人单方申请的其他情形。可见，办理抵押登记非依抵押人单方行为所能完成，须债权人之协力经过双方配合方能完成。因此，当未办理抵押登记时，应当审查抵押人是否违反了协助义务，只有抵押人违反协助义务未办理抵押登记的，才能承担损害赔偿责任，并非只要出现未办理抵押登记的结果，抵押人就要承担违约责任。对于抵押人是否违反了协助义务，要进一步根据具体案件情况进行判断。如果抵押合同约定了抵押人应在一定期限内办理抵押登记，则作为抵押人应当在该期限内向债权人提议申请登记，此种行为在债法原理上构成给付的提出。就抵押合同而言，债权人受领给付就是协助抵押人共同向登记机关提出登记申请，如果债权人未及时协助，即构成受领迟延，债权人需自己承担不利后果。有疑问的是，如果抵押合同未明确约定抵押人应在一定期限内办理抵押登记，则究竟应由债权人催告抵押人履行该义务，还是由抵押人在合理期间内主动提议与债权人共同申请抵押登记，这涉及抵押人是否构成违约的认定。笔者认为，此种情况属于履行期限不明确，应从合同法的基本原理予以分析。根据《合同法》第六十二条规定，履行期限不明确的，债务人可以随时履行，债权人也可以随时要求履行，但应当给对方必要的准备时间。从上述规定看，债务人只是“可以”随时履行，而不是“必须”随时履行，如果债权人想让债务人随时履行，必须向债务人发出履行催告。就抵押合同而言，债权人应当催告抵押人在合理期间内申请抵押登记，如果抵押人逾期未启动登记申请程序即构成履行迟延，需承担相应的违约责任。反之，如果债权人从未催告抵押人申请抵押登记，则履行期限尚未届满，抵押人并不构成履行迟延。（3）须债权人存在损失。抵押人承担赔偿责任须以债权人存在实际损失为前提，即罗马法谚所说“无损害即无赔偿”。债权人应当证明其实际受到了损失，该种实际损失应为债务人不能清偿债务导致的损失。在主债务人未清偿债务的情况下，债权人的损失尚未实际发生，仅存在发生损失的可能性。只有主债务人的财产确实不足以清偿时，损失才确定发生，故如果债权人以此请求的情况下，该种抵押人的赔偿责任应属于有先诉抗辩权的补充债务。（4）此种赔偿责任以抵押物价值为限。《合同法》第一百一十三条规定，当事人一方不履行合同义务或者履行合同义务不符合约定，给对方造成损失的，损失赔偿额应当相当于因违约所造成的损失，包括合同履行后可以获得的利益，但不得超过违反合同一方订立合同时预见到或者应当预见到的因违反合同可能造成的损失。在抵押合同生效的情况下，债权人可以预见到的利益，只能是以抵押物的价值来优先受偿。因此，当抵押人违约时，抵押人承担的损害赔偿责任也应以抵押物为限，否则就超出了可预见范围。这也是本案之所以再审的主要原因，在本案原一审判决中，对担保人承担责任的范围没有明确，从判项上看系以担保人的全部财产来承担责任，这明显违背了双方当事人的本意，也违反了违约损失赔偿的可预见规则。从上述分析可以看出，在抵押人违约未办理抵押登记的情况下，债权人虽可主张抵押人承担损失赔偿的违约责任，但实现路径过于迂回曲折，而且需要满足相应各项责任构成要件，并非保护权利的最佳方式。

而如上所述，在抵押合同有效成立的情况下，债权人也可以依据抵押合同请求抵押人承担相应的担保义务。如以此路径来主张权利，则审理上仅须从合同有效性和合同权利义务内容角度进行分析即可，不需要证明未办理抵押登记到底是哪一方的过错。无论抵押人是否违反办理抵押登记的义务，只要抵押合同有效，债权人就可以要求抵押人承担抵押合同上的担保义务。这种情况下，债权人要求抵押人承担抵押合同上的担保义务，应以抵押物价值为限承担连带清偿责任，而非补充清偿责任。因为根据双方合同约定，该抵押合同的意思就是表明只要债务人未依约向债权人清偿债务，债权人即可就该标的物变价来实现其债权。所不同的是，在办理了抵押登记的情况下，债权人可以直接就抵押物行使优先受偿权；而在未办理抵押登记的情况下，只能请求抵押人在抵押物价值范围内承担担保义务，该权利属于债权范畴。有观点认为，在债权人怠于办理抵押登记的情况下，抵押人可以免除相应的担保义务。笔者认为，如上所述，此种思路实际上是以抵押人负有办理抵押登记义务为逻辑基础。而债权人要求抵押人承担担保义务，系属于抵押合同上的另外一项义务内容，即在抵押合同有效的情况下，抵押人不仅负有协助办理抵押登记的义务，也基于担保的意思，需要承担相应的担保义务。故按此逻辑，不论债权人是否怠于履行办理抵押登记，均可要求担保人承担担保义务。从公平原则角度分析，即使债权人怠于办理抵押登记，但是双方担保的意思表示是有效的，对双方具有约束力，其怠于办理抵押登记，已经承担相应的不利后果，即没有获得一个可以对抗第三人的物权，如果该抵押物被第三人依法取得或者另行设立抵押登记，则债权人即承担相应的不利后果，在此意义上，已经实现了双方利益的平衡。当然，以此作为请求权基础，抵押人承担责任也应以抵押物价值为限。

对于此问题，最高人民法院担保制度司法解释已有明确规定。《民法典担保制度司法解释》第四十六条规定："不动产抵押合同生效后未办理抵押登记手续，债权人请求抵押人办理抵押登记手续的，人民法院应予支持。

抵押财产因不可归责于抵押人自身的原因灭失或者被征收等导致不能办理抵押登记，债权人请求抵押人在约定的担保范围内承担责任的，人民法院不予支持；但是抵押人已经获得保险金、赔偿金或者补偿金等，债权人请求抵押人在其所获金额范围内承担赔偿责任的，人民法院依法予以支持。

因抵押人转让抵押财产或者其他可归责于抵押人自身的原因导致不能办理抵押登记，债权人请求抵押人在约定的担保范围内承担责任的，人民法院依法予以支持，但是不得超过抵押权能够设立时抵押人应当承担的责任范围。"

根据区分原则，在不动产抵押中，如果当事人签订抵押合同但未办理抵押登记，仅是抵押权没有设立，抵押合同的效力不受影响。因此，债权人可以请求抵押人继续履行合同，以最终取得抵押权。但是，在实践中，债权人请求继续履行抵押合同的诉讼请求往往因抵押人的不配合而无法实现，此时需要明确抵押人应当承担何种责任。我们认为，在抵押合同无法继续履行的情况下，抵押人应承担违反抵押合同产生的违约赔偿责任，但要根据不同情形确定相应的责任。在不可归责于抵押人的情形，如自然灾害导致标的物灭失的，则抵押人仅在取得的代位物范围内承担违约损害赔偿责任；在可归责于抵押人自身的原因导致未能办理抵押登记的情形，如抵押人将抵押财产转让他人的，此时抵押人应在约定的担保范围内承担违约赔偿责任，但不得超过抵押权能够设立时抵押人应当承担的责任范围。

## 【新旧法律依据对照】

| 旧法 | 新法 | 旧司法解释 | 新司法解释 |
|---|---|---|---|
| **《担保法》**<br>**第七十八条**<br>以依法可以转让的股票出质的，出质人与质权人应当订立书面合同，并向证券登记机构办理出质登记。质押合同自登记之日起生效。<br>股票出质后，不得转让，但经出质人与质权人协商同意的可以转让。出质人转让股票所得的价款应当向质权人提前清偿所担保的债权或者向与质权人约定的第三人提存。<br>以有限责任公司的股份出质的，适用公司法股份转让的有关规定。质押合同自股份出质记载于股东名册之日起生效。 | **《民法典》**<br>**第四百四十三条**<br>以基金份额、股权出质的，质权自办理出质登记时设立。<br>基金份额、股权出质后，不得转让，但是出质人与质权人协商同意的除外。出质人转让基金份额、股权所得的价款，应当向质权人提前清偿债务或者提存。 | **《担保法司法解释》**<br>**第一百零三条**<br>以股份有限公司的股份出质的，适用《中华人民共和国公司法》有关股份转让的规定。<br>以上市公司的股份出质的，质押合同自股份出质向证券登记机构办理出质登记之日起生效。<br>以非上市公司的股份出质的，质押合同自股份出质记载于股东名册之日起生效。 | |
| **《担保法》**<br>**第四十一条**<br>当事人以本法第四十二条规定的财产抵押的，应当办理抵押物登记，抵押合同自登记之日起生效。 | **《民法典》**<br>**第四百零二条**<br>以本法第三百九十五条第一款第一项至第三项规定的财产或者第五项规定的正在建造的建筑物抵押的，应当办理抵押登记。抵押权自登记时设立。 | | |

续表

| 旧法 | 新法 | 旧司法解释 | 新司法解释 |
|---|---|---|---|
| **《担保法》**<br>**第四十二条**<br>办理抵押物登记的部门如下：<br>（一）以无地上定着物的土地使用权抵押的，为核发土地使用权证书的土地管理部门；<br>（二）以城市房地产或者乡（镇）、村企业的厂房等建筑物抵押的，为县级以上地方人民政府规定的部门；<br>（三）以林木抵押的，为县级以上林木主管部门；<br>（四）以航空器、船舶、车辆抵押的，为运输工具的登记部门；<br>（五）以企业的设备和其他动产抵押的，为财产所在地的工商行政管理部门。 | **《民法典》**<br>**第三百九十五条**<br>债务人或者第三人有权处分的下列财产可以抵押：<br>（一）建筑物和其他土地附着物；<br>（二）建设用地使用权；<br>（三）海域使用权；<br>（四）生产设备、原材料、半成品、产品；<br>（五）正在建造的建筑物、船舶、航空器；<br>（六）交通运输工具；<br>（七）法律、行政法规未禁止抵押的其他财产。<br>抵押人可以将前款所列财产一并抵押。 | **《担保法司法解释》**<br>**第五十六条**<br>抵押合同对被担保的主债权种类、抵押财产没有约定或者约定不明，根据主合同和抵押合同不能补正或者无法推定的，抵押不成立。<br>法律规定登记生效的抵押合同签订后，抵押人违背诚实信用原则拒绝办理抵押登记致使债权人受到损失的，抵押人应当承担赔偿责任。 | |
| **《合同法》**<br>**第四十四条**<br>依法成立的合同，自成立时生效。<br>法律、行政法规规定应当办理批准、登记等手续生效的，依照其规定。 | **《民法典》**<br>**第五百零二条**<br>依法成立的合同，自成立时生效，但是法律另有规定或者当事人另有约定的除外。<br>依照法律、行政法规的规定，合同应当办理批准等手续的，依照其规 | **《担保法》**<br>**第十九条**<br>当事人对保证方式没有约定或者约定不明确的，按照连带责任保证承担保证责任。 | **《民法典》**<br>**第六百八十六条**<br>保证的方式包括一般保证和连带责任保证。<br>当事人在保证合同中对保证方式没有约定或者约定不明确的，按照一般保证承担保证责任。 |

续表

| 旧法 | 新法 | 旧司法解释 | 新司法解释 |
| --- | --- | --- | --- |
|  | 定。未办理批准等手续影响合同生效的，不影响合同中履行报批等义务条款以及相关条款的效力。应当办理申请批准等手续的当事人未履行义务的，对方可以请求其承担违反该义务的责任。<br>依照法律、行政法规的规定，合同的变更、转让、解除等情形应当办理批准等手续的，适用前款规定。 |  |  |
| **《合同法》**<br>**第一百一十三条**<br>当事人一方不履行合同义务或者履行合同义务不符合约定，给对方造成损失的，损失赔偿额应当相当于因违约所造成的损失，包括合同履行后可以获得的利益，但不得超过违反合同一方订立合同时预见到或者应当预见到的因违反合同可能造成的损失。<br>经营者对消费者提供商品或者服务有欺诈行为的，依照《中华人民共和国消费者权益保护法》的规定承担损害赔偿责任。 | **《民法典》**<br>**第五百八十四条**<br>当事人一方不履行合同义务或者履行合同义务不符合约定，造成对方损失的，损失赔偿额应当相当于因违约所造成的损失，包括合同履行后可以获得的利益；但是，不得超过违约一方订立合同时预见到或者应当预见到的因违约可能造成的损失。 |  |  |

续表

| 旧法 | 新法 | 旧司法解释 | 新司法解释 |
|---|---|---|---|
| 《物权法》<br>第十五条<br>当事人之间订立有关设立、变更、转让和消灭不动产物权的合同，除法律另有规定或者合同另有约定外，自合同成立时生效；未办理物权登记的，不影响合同效力。 | 《民法典》<br>第二百一十五条<br>当事人之间订立有关设立、变更、转让和消灭不动产物权的合同，除法律另有规定或者当事人另有约定外，自合同成立时生效；未办理物权登记的，不影响合同效力。 | | |
| 《物权法》<br>第一百九十三条<br>抵押人的行为足以使抵押财产价值减少的，抵押权人有权要求抵押人停止其行为。抵押财产价值减少的，抵押权人有权要求恢复抵押财产的价值，或者提供与减少的价值相应的担保。抵押人不恢复抵押财产的价值也不提供担保的，抵押权人有权要求债务人提前清偿债务。 | 《民法典》<br>第四百零八条<br>抵押人的行为足以使抵押财产价值减少的，抵押权人有权请求抵押人停止其行为；抵押财产价值减少的，抵押权人有权请求恢复抵押财产的价值，或者提供与减少的价值相应的担保。抵押人不恢复抵押财产的价值，也不提供担保的，抵押权人有权请求债务人提前清偿债务。 | | |

续表

| 旧法 | 新法 | 旧司法解释 | 新司法解释 |
| --- | --- | --- | --- |
| 《合同法》<br>**第六十二条**<br>当事人就有关合同内容约定不明确，依照本法第六十一条的规定仍不能确定的，适用下列规定：<br>（一）质量要求不明确的，按照国家标准、行业标准履行；没有国家标准、行业标准的，按照通常标准或者符合合同目的的特定标准履行。<br>（二）价款或者报酬不明确的，按照订立合同时履行地的市场价格履行；依法应当执行政府定价或者政府指导价的，按照规定履行。<br>（三）履行地点不明确，给付货币的，在接受货币一方所在地履行；交付不动产的，在不动产所在地履行；其他标的，在履行义务一方所在地履行。<br>（四）履行期限不明确的，债务人可以随时履行，债权人也可以随时要求履行，但应当给对方必要的准备时间。<br>（五）履行方式不明确的，按照有利于实现合同目的的方式履行。<br>（六）履行费用的负担不明确的，由履行义务一方负担。 | 《民法典》<br>**第五百一十一条**<br>当事人就有关合同内容约定不明确，依据前条规定仍不能确定的，适用下列规定：<br>（一）质量要求不明确的，按照强制性国家标准履行；没有强制性国家标准的，按照推荐性国家标准履行；没有推荐性国家标准的，按照行业标准履行；没有国家标准、行业标准的，按照通常标准或者符合合同目的的特定标准履行。<br>（二）价款或者报酬不明确的，按照订立合同时履行地的市场价格履行；依法应当执行政府定价或者政府指导价的，依照规定履行。<br>（三）履行地点不明确，给付货币的，在接受货币一方所在地履行；交付不动产的，在不动产所在地履行；其他标的，在履行义务一方所在地履行。 | 《合同法司法解释（二）》<br>**第一条**<br>当事人对合同是否成立存在争议，人民法院能够确定当事人名称或者姓名、标的和数量的，一般应当认定合同成立。但法律另有规定或者当事人另有约定的除外。<br>对合同欠缺的前款规定以外的其他内容，当事人达不成协议的，人民法院依照合同法第六十一条、第六十二条、第一百二十五条等有关规定予以确定。 | 《民事诉讼法司法解释》<br>**第十八条**<br>合同约定履行地点的，以约定的履行地点为合同履行地。<br>合同对履行地点没有约定或者约定不明确，争议标的为给付货币的，接收货币一方所在地为合同履行地；交付不动产的，不动产所在地为合同履行地；其他标的，履行义务一方所在地为合同履行地。即时结清的合同，交易行为地为合同履行地。<br>合同没有实际履行，当事人双方住所地都不在合同约定的履行地的，由被告住所地人民法院管辖。<br>**第十九条**<br>财产租赁合同、融资租赁合同以租赁物使用地为合同履行地。合同对履行地有约定的，从其约定。 |

续表

| 旧法 | 新法 | 旧司法解释 | 新司法解释 |
| --- | --- | --- | --- |
| | （四）履行期限不明确的，债务人可以随时履行，债权人也可以随时请求履行，但是应当给对方必要的准备时间。<br>（五）履行方式不明确的，按照有利于实现合同目的的方式履行。<br>（六）履行费用的负担不明确的，由履行义务一方负担；因债权人原因增加的履行费用，由债权人负担。 | | |

## 【法律适用指引】

### 法律适用指引一

《民法典》第二百一十五条规定的“除法律另有规定或者当事人另有约定外”的含义

《民法典》第二百一十五条规定的“法律另有规定”，是指某一部法律明确规定，设立、变更、转让和消灭不动产物权的合同，只有经过物权登记的，合同才生效。《民法典》第二百一十五条规定的“当事人另有约定”，也是指当事人签订的合同明确约定，设立、变更、转让和消灭不动产物权的合同，只有经过物权登记的，合同才生效。如果法律没有明确这样规定，或者当事人没有明确这样约定，一般应该认为设立、变更、转让和消灭不动产物权的合同，自合同成立时生效。没有办理物权登记的，不影响合同的效力。

**法律适用指引二**

土地经营权抵押问题

《民法典》第三百四十二条规定的通过招标、拍卖、公开协商等方式取得的土地经营权，也可以作为抵押财产设定抵押。此类土地经营权设定的抵押，是适用登记生效主义还是登记对抗主义，存在不同理解。一种观点认为，应当采登记生效主义，一方面，因为该条制度系从“四荒”土地承包经营权演化而来，而根据《物权法》第一百八十七条之规定，“四荒”土地承包经营权抵押采登记生效主义；另一方面，“四荒”土地承包经营权属于不动产用益物权，与建设用地使用权等性质相同，从体系上看，也应当采登记生效主义。另一种观点则认为，从《民法典》第三百四十一条有关土地经营权流转的规定看，采取的是登记对抗主义。通过招标、拍卖、公开协商等方式取得的土地经营权，尽管在取得方式上有别于家庭承包方式，但在权利变动上应当采取相同的模式，否则就会出现通过不同方式取得的同一权利实现不同的物权变动模式的局面，导致不应有的混乱。我们采第二种观点，即不论何种形式的土地经营权，均采登记对抗主义。

**法律适用指引三**

关于以法律、行政法规未禁止抵押的财产设定抵押

《民法典》第三百九十五条第一款第七项规定，只要是法律、行政法规未禁止抵押的其他财产，如矿业权、取水权、养殖权、捕捞权等准物权就可以作为抵押财产。以此类财产设定抵押，应当采何种主义，并无明确规定。此类财产性质上属于不动产权利，应当采登记生效主义，但《民法典》第三百九十五条列举的应当采登记生效主义的财产中，并未包

括此类不动产权利。而将其归入动产，又与此类权利的性质不符。我们认为，《民法典》第三百九十五条难以列举属于《民法典》第三百九十五条第一款第七项规定的兜底条款对应的财产类型，从立法技术的角度看，无可厚非。但从体系解释的角度看，根据《民法典》第二百零九条之规定，不动产物权变动以登记生效为原则，登记对抗为例外。因此，对于此类财产，仍然应当采取登记生效主义。

## 法律适用指引四

### 抵押财产价值减少防止权

《民法典》第四百零八条第一句是有关抵押财产价值减少防止权的规定。准确理解该制度，需要注意以下几点：

第一，须是抵押人的行为。抵押人使抵押财产价值减少的行为，主要包括两个方面：一是抵押人积极采取的行为，往往是对抵押财产的事实处分行为，如砍伐抵押的树木、拆除抵押的房屋、卸掉抵押汽车的轮胎，等等。对抵押财产的法律处分如转让抵押财产往往具有对价，抵押人可以用所得价款清偿债务。抵押权人也可以基于抵押权的追及力向抵押财产的受让人主张权利，一般不存在使抵押财产价值减少的情形。二是抵押人的消极不作为，如对抵押的危旧房不作修缮、对抵押的机动车不进行定期保养、有库房却任由抵押的机器设备在室外风吹雨淋。鉴于该项请求权性质上属于物权请求权，故抵押人对其行为是否存在过错，在所不问。因地震、水灾、火灾等自然事件以及第三人原因导致抵押财产价值减少，如有保险金、赔偿金的，可通过物上代位制度解决，但因其并非抵押人的行为，不适用《民法典》第四百零八条有关抵押权保全权的规定。

第二，足以使抵押财产的价值减少。抵押人作为抵押财产的所有人，依法享有对抵押财产的使用处分权，抵押财产因正常使用而产生的损耗，不属于此处所谓的抵押财产的价值减少。从举证责任的角度看，抵押权人只要举证证明抵押人的行为不属于正常的使用行为，此种行为“足以”

导致抵押财产的价值减少即可，无须就抵押财产价值是否实际减少承担举证责任。而抵押人的行为是否“足以”导致抵押财产的价值减少，需要结合个案情况进行具体判断。抵押人的行为导致抵押财产价值减少，但抵押财产仍然存在，才有抵押权保全权适用的余地。抵押财产灭失，如果是第三人的行为或者意外事故所致，可能会产生赔偿金、保险金的物上代位问题；如果是不可抗力所致，则抵押权人要承担因此导致的风险；如果是抵押人的行为所致，则抵押权人可以基于《民法典》侵权责任编的规定请求抵押人承担违约责任，但均不适用《民法典》第四百零八条规定。

第三，在救济方式上。抵押人的行为已经现实地妨害抵押权的实现，如拆除抵押的房屋，抵押权人可以请求停止侵害；对于持续性的妨害行为，还可以请求排除妨害。抵押人的行为并未现实地妨害抵押权的实现，但依据社会一般观念足以认定该行为导致抵押财产价值减少，如抵押人任由抵押的机器设备在室外风吹雨淋的，抵押权人可以请求消除危险。至于请求权行使的具体方式，既可以直接向抵押人主张，也可以通过诉讼的方式主张。

### 法律适用指引五

恢复抵押财产价值请求权、增加担保请求权

抵押财产价值减少防止权作为物权请求权，主要是一种预防性的权利，目的是不使抵押财产贬值。但当抵押人的行为已经造成抵押财产价值的减少，此时行使抵押财产价值减少防止权已无意义，这就需要赋予抵押权人以某种权利，恢复抵押财产的价值，这就是《民法典》第四百零八条规定的恢复抵押财产价值请求权和增加担保请求权。这两项请求权性质上均属于物权请求权性质的恢复原状请求权，其适用不以抵押人有过错为必要。只要抵押人的行为导致抵押财产价值减少，抵押权人就可以行使前述请求权。当然，此处所谓的抵押财产价值减少，同样也不包括因正常使用而导致的抵押财产损耗，但不能依此就认为需要以抵押人的过错为要件。前述两项请求权在行使时并无顺序限制，抵押权人可以自由选择适用何种请求权，但不得既请求恢复抵押财产价值，又请求另行增加担保。另行增加的担保须与减少的价值相当，因而一般是物保；在抵押权人同意的情况下，也可以是保证。

抵押财产的价值减少，减少的部分如果产生相应的赔偿金或者保险金的，此时抵押权人可以根据物上代位制度，请求就赔偿金或者保险金优先受偿。在此情况下，其不能再根据《民法典》第四百零八条规定请求恢复抵押财产价值或者增加担保，否则，就双重获利了。

## 法律适用指引六

提前清偿请求权

一旦抵押人的行为导致抵押财产价值减少，抵押权人请求抵押人恢复抵押财产价值或者增加担保后，抵押人既不恢复抵押财产价值又不增加担保的，当抵押人本身就是债务人时，抵押人的行为表明其将不履行合同义务，根据《民法典》第五百七十八条有关预期违约的规定，抵押权人有权要求债务人（同时也是抵押人）提前清偿债务。可见，《民法典》第四百零八条规定的法理依据即为预期违约规则。但当抵押人是第三人时，应否与抵押人同为债务人时采用相同规则处理，存在不同观点。有一种观点认为，当抵押人为第三人时，债务人对抵押人导致抵押物价值减少的行为可能并不知情，仅仅因为抵押人的行为就直接迫使债务人在没有任何准备的情况下就丧失期限利益，由其提前清偿债务对其并不公平。因此，在抵押人既不恢复抵押财产价值又不增加担保时，抵押权人必须再次请求债务人提供新的担保。只有在债务人拒不提供新的担保时，抵押权人才能根据预期违约的法理请求债务人提前清偿。应该说，此处确有一定的道理，也有比较法上的依据，但《民法典》第四百零八条并未采纳前述观点，而是笼统规定只要抵押人不恢复抵押财产价值又不增加担保的，抵押权人就有权请求债务人提前清偿。

## 法律适用指引七

### 报批义务及相关违约条款独立生效

须经行政机关批准的合同，对报批义务及未履行报批义务的违约责任等相关条款作出专门约定的，该约定独立生效。一方因另一方不履行报批义务，请求解除合同并请求其承担合同约定的相应违约责任的，人民法院依法予以支持。

关于报批义务及相关条款应否独立生效，存在不同观点：一种观点认为，在整个合同未生效的情况下，报批义务及相关条款独立生效既缺乏法律依据，也缺乏法理依据。另一种观点则认为，正因为整个合同未生效，才有必要课予当事人报批义务，并通过促使其履行报批义务，促进未生效合同向有效合同转化。《民法典》采后一种观点，即独立生效说。

（一）报批义务及相关条款独立生效的必要性

之所以规定整个合同未生效不影响当事人间有关报批义务条款以及因报批义务而设定的相关条款的效力，是因为实践中因审批而导致的合同纠纷，症结往往在于当事人不去报批，而不是行政机关不批准。当事人不报批，合同未生效；合同未生效，一方不能请求另一方履行合同义务，包括履行报批义务；当事人无需履行报批义务，则其往往会视情况决定是否报批：报批对自己有利的，就去报批；反之，就不去报批。其结果是使不诚信的当事人从其不诚信行为中获得利益，显然是不妥当的。正是看到前述问题，才有必要规定合同未生效不影响当事人间有关报批义务及因该义务而设定的违约责任等相关条款的效力。

从法理上看，报批义务及相关条款独立生效也有坚实的理论依据。当事人间订立合同，核心目的自然是确定双方的权利义务关系。但还有两类合同条款，它们的性质决定了其独立于合同的权利义务条款：一是促成合同生效的条款。在合同以某一条件的成就为生效条件时，此种前提性的条款将独立于合同条款而事先生效。否则，就会陷入前述的悖论，最终既不利于缔约目的的实现，也不利于诚信原则的维护。二是在合同无效、被撤销或者终止时，有关争议解决的条款。事实上，二者一个针对的是合同“生效前”，另一个则针对解决无效、被撤销或者终止后所生的争议，均具有手段性特点，不同于当事人通过合同享受权利承担义务的其他合同条款，当然具有独立性。因此，合同未生效不影响报批义务条款的效力。既然报批条款独立生效，则专门针对报批义务设定的相关条款自然也独立生效。

《民法典》第五百零二条所谓的“相关条款”，主要是指有关违约责任的规定，即合同中专门约定的报批义务人怠于履行报批义务时将承担违约责任的约定，此种约定有别于主合同约定的违约责任条款。当然，“相关条款”并不限于与报批义务相关的违约责任条款，还包括其他与报批义务有关的条款，如在股权转让场合，双方约定受让人先支付一定比例的价款时转让人才履行报批义务；再如在履行报批义务时，双方对报批期限以及受让人的协助义务又作了约定，这些约定都是与报批义务相关的条款，都具有效力上的独立性，不受整个合同未生效的影响。

（二）关于报批义务的性质

报批行为作为促成合同生效（或确定合同效力）的一项重要义务，与当事人订立的合同间有着密切联系，因而具有私法上的意义。而批准行为作为应申请而为的行政行为，由行政相对人的报批行为与审批机关的审批行为两部分构成，因此报批又具有公法上的意义。从实践看，当事人不去报批一般不会导致行政处罚，这点不同于行政许可。行政许可以法律“一般禁止”或“限制”某一行为为前提，表现为对此种禁止或限制的解除。由于行政许可的本质是行政相对人未经许可不得从事某种特定的活动，因此，行政相对人未经许可从事了某种特定活动的，即违反了法律的禁止性规定，应受到公法处罚，包括行政法制裁甚至刑法制裁。另一方面，在行政许可中，行政相对人之所以能从事某种行为，乃在于行政许可解除了某种禁止或限制，从而创设了某种权利。而行政审批性质上属于对当事人权利义务关系的事后确认，审批自身并未创设新的法律关系。可见，在行政许可中，居于主导地位的是行政机关的许可；

而在行政审批中，居于主导地位的则是当事人自身的意思，而非审批。这也从另一个侧面揭示了报批义务并非公法义务。

如果当事人在合同中明确约定了报批义务，此时报批义务属于合同义务当无疑问。即便当事人未在合同中对报批义务作出约定，基于诚信原则，当事人也负有报批义务。问题是，此时报批义务究竟属于合同义务还是先合同义务？有一种观点认为，报批义务属于先合同义务，因为《合同法司法解释（二）》第八条[①]将当事人怠于履行报批义务的行为，认定为属于《合同法》第四十二条第三项规定的“其他违背诚实信用原则的行为”。而《民法典》第五百零二条是有关缔约过失责任的规定，违反的是缔约阶段基于诚信原则产生的先合同义务，因此报批义务属于先合同义务。但先合同义务一般不能请求实际履行，且其对应的损害赔偿责任性质上也属于缔约过失责任。而《民法典》规定了报批义务及相关条款独立生效，还规定了违约责任，这些规定显然超出了先合同义务的范畴。就此而言，我们认为，即便合同没有规定报批义务，报批义务也属于基于诚信原则产生的可以独立请求的附随义务，属于合同义务的范畴。因为合同义务除了主给付义务外，还包括基于诚信原则而产生的附随义务以及不真正义务，这些义务构成一个义务群，其中附随义务又包括可以独立诉请的附随义务以及不可独立诉请的附随义务两类，报批义务属于其中能够独立诉请的附随义务，其功能在于促进主给付义务的实现。

（三）关于报批义务的实际履行问题

有一种观点认为，报批义务需要义务人有所作为，而义务人是否从事某种行为涉及行为自由问题，不具有可执行性，因而不能强制执行报批义务。我们认为，此种观点混淆了人身自由与行为自由，是错误的。现代法治尊重个人人格，因此不能以人格为执行标的，即不能通过侵害

① 《合同法司法解释（二）》第8条规定：“依照法律、行政法规的规定经批准或者登记才能生效的合同成立后，有义务办理申请批准或者申请登记等手续的一方当事人未按照法律规定或者合同约定办理申请批准或者未申请登记的，属于合同法第四十二条第（三）项规定的‘其他违背诚实信用原则的行为’，人民法院可以根据案件的具体情况和相对人的请求，判决相对人自己办理有关手续；对方当事人对由此产生的费用和给相对人造成的实际损失，应当承担损害赔偿责任。”

债务人物质性人格权（即生命健康权）、贬损精神性人格权或剥夺人身自由（人格权层面的自由权）的方式来迫使其履行债务。但这并不意味着不能将债务人的行为（包括作为和不作为）作为执行标的。事实上，当义务人怠于履行其义务时，权利人完全可以请求法院强制债务人作出某种行为，如请求债务人继续交付标的物或价金，这就是强制实际履行可以作为违约责任形态的基本法理。要求转让人履行报批义务尽管在一定程度上限制了义务人的行为自由，但并未侵害其人身自由，因而可以请求强制实际履行。

（四）关于合同解除问题

一方不履行报批义务时，另一方除了请求履行报批义务外，还可以直接请求解除合同，并要求赔偿损失。有观点认为，未生效合同作为效力有瑕疵的合同，应当根据可撤销的有关规定否定其效力，不宜越过合同效力判断阶段直接解除合同。我们认为，可撤销合同中，撤销权应当在法定期限内行使，超过法定的除斥期间，撤销权将归于消灭。未生效合同尽管不具有实质效力，但对双方均具有形式约束力，如果认为经过一定期限后当事人就不能撤销合同，则在报批义务人拒不报批的情况下，非违约方既不能通过要求报批义务人履行报批义务促使合同生效，又因丧失撤销权而不能撤销合同，从而使未生效合同既不能向生效转化，又不能归于无效，陷于进退两难的“效力僵局”状态，不利于解决纠纷。解除权尽管也应当在法定期限内行使，但根据《民法典》第五百六十四条的规定，法律没有规定或者当事人没有约定解除权行使期限时，只有经对方催告后在合理期限内不行使的，解除权才归于消灭。在报批义务人拒不履行报批义务的情况下，其一般不会催告非违约方积极行使解除权。反之，如果其在拒不履行报批义务的情况下向非违约方发出催告，非违约方完全可以其先履行报批义务提出抗辩，从而不存在解除权因超过合理期限而消灭的问题。可见，较之于可撤销制度，通过合同解除制度来否定未生效合同的效力是更好的选择。

至于行使解除权的条件，只有经催告后在合理期限内仍未履行报批义务时，另一方才能解除合同，此点较有效合同的解除更为严格。根据

《民法典》第五百六十三条的规定，有效合同的解除，在拒绝履行或不履行场合，非违约方无需催告就可以直接解除合同，而只有迟延履行才有经催告解除的问题。《民商事审判工作会议纪要》之所以对未生效合同的解除规定更为严格的条件，是因为报批义务尽管是合同的主要义务，但其本身还具有促成合同生效的意义。根据鼓励交易原则，应尽量地促成当事人履行报批义务，而不宜轻易地以报批义务人没有报批为由解除合同。就法理依据而言，《民法典》第六百八十六条显然也吸收了根本违约的理论，只不过通常所谓的根本违约都是针对合同的实质效力而言的，而《民法典》第六百八十六条针对的却是合同的形式拘束力。

在直接请求解除合同场合，报批义务人所承担的责任视合同是否专门针对报批义务约定独立的违约责任而有所不同：专门针对报批义务约定违约责任的，根据报批义务及相关条款独立生效的法理，此种违约责任独立生效，当事人在解除合同的同时，可以基于约定请求报批义务人承担违约责任。反之，合同未专门针对报批义务约定违约责任的，此时当事人只能请求报批义务人承担缔约过失责任。

1. 如何解决约定的报批义务人与实际报批义务人不一致的问题

以外资股权转让为例，转让人的主给付义务是转让股权，根据合同相对性原理，受让人只能向转让人请求其完成报批手续。但根据《外商投资企业投资者股权变更的若干规定》的相关规定，股权变更的报批人是外商投资企业而非其股东。这就存在法律关系上的错位：受让人向转让人请求其完成报批手续，而转让人又只能请求外商投资企业去报批，受让人与外商投资企业之间并无直接联系，此时该如何实现报批义务？我们认为，外商投资企业在接到转让人的请求后，除非认为股权转让不符合公司法规定或章程的规定，否则，负有办理报批手续的义务。如其无正当理由不去办理的，则无异于侵害了转让人依法转让股份的权利，转让人可请求法院责令外商投资企业强制办理。为更好地解决报批义务人错位的问题，在涉及审批的合同纠纷中，当事人最好申请将目标公司列为第三人，法院也可以依职权追加目标公司为第三人，如此既可解决报批义务错位问题，也可解决裁判的既判力不及于目标公司的问题。

2. 竞争性缔约场合如何履行报批义务

实践中，需要通过招、拍、挂等竞争性方式缔约时的合同，此时因为不存在个别磋商，如何履行报批义务成为需要研究。我们认为，可以在招、拍、挂的公告中对受让人的条件作出明确要求，并由审批机关事先对当事人的资格进行审核，待确定当事人、签订合同后再履行报批手续就可以了。

## 法律适用指引八

报批义务的释明

我们认为，须经行政机关批准生效的合同，一方请求另一方履行合同主要权利义务的，人民法院应当向其释明，将诉讼请求变更为请求履行报批义务。一方变更诉讼请求的，人民法院依法予以支持；经释明后当事人拒绝变更的，应当驳回其诉讼请求，但不影响其另行提起诉讼。

经释明后当事人拒不变更诉讼请求，在人民法院应当判令驳回起诉还是驳回诉讼请求问题上，存在不同观点，本书倾向于驳回诉讼请求，但允许当事人另行起诉。

在一方当事人直接请求确认合同无效的情况下，人民法院是直接驳回其诉讼请求，还是应当向其释明，告知其解除合同，《民法典》未作明确规定，但学理上认为应当向其释明。

（一）关于报批义务的释明

未生效合同既不同于无效合同，也不同于有效合同，因此，在当事人基于有效合同或者无效合同提出相关诉讼请求时，人民法院尤其是一审法院要做好相关的释明工作。具体来说，一方直接请求另一方履行合同、承担合同约定的违约责任的，人民法院应当向其释明，告知其将诉讼请求变更为继续履行报批义务。经释明后当事人仍拒绝变更诉讼请求的，可以驳回其诉讼请求。有一种观点认为，如果直接驳回其诉讼请求，可能会受制于“一事不再理”规则而难以另行提起诉讼，从而事实上剥夺了当事人的诉权，并据此建议应当驳回起诉。因为起诉被驳回视为未提起诉讼，当事人另行提起诉讼并无法律障碍。我们认为，此说确有一定道理，但在未生效合同中，一方直接请求另一方承担违约责任固然缺乏法律依据，但其起诉形式上是符合《民事诉讼法》规定的起诉条件的，驳回起诉缺乏依据，而且某一合同是否为批准生效合同、报批义务人应否履行报批义务等事实，只有在实体审理后才能确定，简单地驳回起诉难以解决实践问题。况且，驳回的是一方直接请求履行合同、承担违约责任的诉讼请求，而非继续履行报批义务的诉讼请求，故当事人仍可另行提起诉讼，请求报批义务人履行报批义务。

（二）关于合同解除的释明

还有一种情形是，当事人直接请求确认合同无效的，人民法院也应当向其释明，告知其请求解除合同；经释明后当事人仍拒绝变更诉讼请求的，可以驳回其诉讼请求。

1. 未生效合同能否解除

在该问题上，存在两种不同的观点。采取未生效合同可以解除的观点的原因在于，一方面，固然是因为用可撤销或者直接宣告无效制度否定未生效合同的效力，前者可能存在前述的“效力僵局”问题，后者则不符合鼓励交易原则；另一方面，则是因为解除合同，兼具摆脱合同实质效力与形式拘束力的双重效果。更为重要的是，在批准生效合同中，以金融机构的股权转让合同为例，受让人的主要义务是支付价款，转让人的主要合同义务则是转让股权。而批准既是股权转让合同的生效条件，不批准合同未生效；同时报批也是履行股权转让合同的主要形式：合同一经批准，转让人就已经履行了转让股权的义务，登记不过是使其取得公示效力罢了。在报批义务兼具双重属性的情况下，如果严格将其限于合同效力控制层面，而不顾及其同时具有履行合同义务的性质，则会使不履行报批义务的当事人从其不诚信行为中获益，有违基本的公平正义理念。报批义务的双重属性，是本书认为未生效合同可以解除的重要考量因素。

2. 如何对报批义务人进行救济

须经批准生效的合同如以金融机构为目标公司的股权转让合同，当事人在合同中约定以受让方支付一定价款作为转让方办理报批手续的条件，而受让人未依约支付价款时，转让人能否直接请求受让人履行付款义务？本书认为，该约定作为与报批义务相关的约定，应当独立生效。然而受让方支付价款虽然是转让方履行报批义务的约定条件，但整个合同毕竟尚未生效，当事人自然不能基于有效合同请求另一方履行合同。而且支付价款本身也是受让方取得股权的对价，在转让方尚未转让股权的情况下，让受让方先行付款会使当事人之间的权利义务失去平衡。因此，即使当事人将受让方支付全部或者部分转让款作为转让方履行报批义务的条件，也不意味着转让方在整个股权转让合同生效前即享有请求受让方支付该转让款的权利，而只能理解为转让方基于该约定享有针对受让方请求其履行报批义务的抗辩权，其可以据此拒绝履行自己的报批义务。

如前所述，如果受让方未履行支付价款，转让方无权请求受让方支付价款，但另一方面，如果受让方不依约支付价款，转让方也可提出不履行报批义务的抗辩，此时合同的履行同样会陷入僵局。为打破这种僵局，不使转让方因受让方不履行自己的义务而遭到损失，有必要让报批义务人在一定情况下也享有合同解除权：即在受让方经催告后在合理期限内不履行约定的付款义务时，转让方也可请求解除合同并要求赔偿损失。

## 法律适用指引九

### 可得利益损失赔偿的举证责任

《民事诉讼法》第六十七条第一款规定："当事人对自己提出的主张，有责任提供证据证明。"根据该条规定的举证责任规范要求，守约方应当对可得利益损失赔偿请求权产生的法律事实承担举证证明责任，主要包括：违约方存在违约行为；守约方存在可得利益损失（数额）；所受损失和违约行为之间存在因果关系。实践中，违约方要对应予限制或者减少可得利益损失赔偿数额的抗辩承担举证责任，比如减轻损失规则、损益相抵规则、过失相抵规则、可预见性规则的适用等。对此，《民商事合同指导意见》第十一条规定："人民法院认定可得利益损失时应当合理分配举证责任。违约方一般应当承担非违约方没有采取合理减损措施而导致损失扩大、非违约方因违约而获得利益以及非违约方亦有过失的举证责任；非违约方应当承担其遭受的可得利益损失总额、必要的交易成本的举证责任。对于可预见的损失，既可以由非违约方举证，也可以由人民法院根据具体情况予以裁量。”

## 【类案裁判观点】

### 类案裁判观点一

在一物数卖，存在多个不动产买卖合同的情形应当准确把握物权登记与合同效力的认定问题

应当注意，未办理物权过户登记不影响不动产买卖合同自成立时生效，已办理物权变更登记的买卖合同也不必然有效，如《民法典》第一百五十四条规定，行为人与相对人恶意串通，损害他人合法权益的民事法律行为无效。对于交易不真实，恶意串通损害他人合法权益的，即使办理了物权登记，亦应认定无效。实践中，住房建设部门为对新建商品房的销售进行管理，完成宏观调控的任务，要求当事人对预售商品房买卖合同进行网签备案。需要注意的是，网签备案并非物权登记，也不是商品房买卖合同的生效要件，但明知不动产已网签备案给他人，虚构交易关系签订买卖合同，不能认定该商品房买卖合同有效。

### 类案裁判观点二

判决履行报批义务后的处理

我们认为，人民法院判决一方履行报批义务后，该当事人拒绝履行，经人民法院强制执行仍未履行，对方请求其承担合同违约责任的，人民法院依法予以支持。一方依据判决履行报批义务，行政机关予以批准，合同发生完全的法律效力，其请求对方履行合同的，人民法院依法予以

支持；行政机关没有批准，合同不具有法律上的可履行性，一方请求解除合同的，人民法院依法予以支持。

报批义务人拒不生效判决确定的履行报批义务，所应承担的责任是缔约过失责任还是违约责任，对此存在不同认识。为加重报批义务人的责任，《民法典》采违约责任说。

（一）审批机关未予批准的

一方不履行报批义务时，另一方可以请求其履行报批义务，人民法院也可以根据当事人的诉讼请求判令该方当事人履行报批义务。当事人根据生效判决履行了报批义务，但有关部门未批准的，此时合同不具有可履行性，合同因嗣后履行不能而解除。至于报批义务人应否承担责任，则要视其对不能取得批准有无过错来具体判断。如果不能取得批准是因为报批义务怠于履行报批义务所导致，如本可以取得批准，但因政策变化导致不能取得批准的，报批义务人应当承担责任。反之，纯粹是因为批准机关不批准所导致的，则其无需承担责任。

（二）报批义务人拒不履行报批义务的

还有一种情形是，人民法院判令报批义务人履行报批义务，报批义务人拒绝履行，经人民法院强制执行仍未履行的，当事人可以另行起诉，请求解除合同，同时要求报批义务人赔偿包括差价损失、合理收益以及其他损失在内的预期利益损失，其中损害性质上属于违约责任。有观点认为，在合同未生效的情况下，判令当事人承担违约责任既缺乏法律依据，法理上也说不通。我们认为，此时可以参照适用《民法典》第一百五十九条“当事人为自己的利益不正当地阻止条件成就的，视为条件已成就”的规定，认为合同所附的法定条件因报批义务人不正当地阻止条件成就而拟制成就，从而使另一方享有违约损害赔偿请求权。

实务中，关于审批机关未予批准的法律效果，存在两种不同观点：一种观点认为，既然批准是合同的法定生效条件，则未予批准意味着法定生效条件确定不成就，合同不生效，效果等同于无效。另一种观点则认为，审判机构未予批准，意味着合同嗣后履行不能，当事人可以解除合同。《民法典》采取了后一观点。

## 【案例七】

# 通过以物抵债方式取得建设工程所有权的第三人，不能对抗承包人行使建设工程价款优先受偿权*

## 一、案情简介

2006年4月13日，福华建筑公司与丰兰公司签订了建设工程施工合同，由前者承建丰兰悦华购物中心营业楼工程，工程于2009年6月25日竣工验收合格。经结算，丰兰公司尚欠福华建筑公司工程款1700万元。

2006年至2007年期间，因筹建营业楼资金短缺，丰兰公司分8次向第三人殷某借款共计3000万元。由于丰兰公司无力按约定偿还借款，丰兰公司遂于2009年9月15日将丰兰悦华购物中心营业楼的部分商铺过户给殷某，以抵偿丰兰公司向殷某的全部借款及利息，房产局为殷某办理了房屋所有权证，建筑面积14300平方米。

由于丰兰公司欠付的1700万元工程款一直未予偿付，福华建筑公司多次催讨未果，2009年10月9日，福华建筑公司与丰兰公司签订《工程付款协议书》一份，约定：双方认定丰兰公司拖欠福华建筑公司工程款本金为1700万元，考虑到实际情况，丰兰公司同意从2006年12月15日开始向福华建筑公司支付利息，利息按中国人民银行同期同类贷款利率的四倍支付，直到还清为止。如丰兰公司不能以现金方式支付给福华建

---

* 案例来源：最高人民法院民事审判第一庭编：《民事审判指导与参考》2012年第3辑（总第51辑）。

筑公司，则用丰兰悦华购物中心营业楼的房屋清偿所欠工程价款本金及利息。2009年11月10日，福华建筑公司向丰兰公司发一份催款书，但丰兰公司仍未按约定偿还工程款。2009年12月15日，福华建筑公司以丰兰公司为被告诉至某市中级人民法院，要求丰兰公司偿还拖欠工程款1700万元及利息，并主张对丰兰悦华购物中心营业楼享有优先受偿权。

## 二、法院裁判情况

一审法院认为，福华建筑公司于2006年4月开始为丰兰公司承建丰兰悦华购物中心营业楼，工程竣工后，经双方结算，丰兰公司对尚欠福华建筑公司1700万元无异议，一审法院对此予以确认并支持福华建筑公司的该项诉讼请求。双方并约定，2006年12月15日开始向福华建筑公司支付利息，利息按同期银行贷款利率的四倍支付，依照《最高人民法院关于审理建设施工合同纠纷案件适用法律问题的解释》（以下简称《解释》）第十七条："当事人对欠付工程款利息计付标准有约定的，按照约定处理"的规定，对福华建筑公司请求丰兰公司按约定标准给付利息的主张应予保护。

对于福华建筑公司请求优先受偿权问题，2009年10月9日福华建筑公司与丰兰公司所签订的《工程付款协议》明确约定如丰兰公司不能以现金方式支付给福华建筑公司，则以丰兰悦华购物中心营业楼的房屋清偿所欠工程价款本金及利息，该约定应视为福华建筑公司以就该工程折价的方式向丰兰公司主张了工程价款优先受偿权。鉴于该工程于2009年6月25日竣工，丰兰公司于2009年10月9日主张1700万元工程款及利息的优先受偿权未超过《最高人民法院关于建设工程价款优先受偿权问题的批复》（法释〔2002〕16号，以下简称《批复》）所规定的六个月除斥期间，故福华建筑公司在法定的期限内行使了优先权，福华建筑公司的该项诉讼主张应予支持。

综上，故判决：一、丰兰公司于判决生效后立即给付福华建筑公司工程款1700万元及利息（利息自从2006年12月15日开始起至给付之日止按中国人民银行同期同类贷款利率的四倍计算）；二、如丰兰公司未按判决主文第一项履行义务，福华建筑公司有权在本判决主文第一项确定的工程款及利息范围内，对其承建的丰兰悦华购物中心营业楼工程行使工程价款优先受偿权。

一审判决后，双方当事人均未上诉，判决生效。

2010年5月，案外人殷某以丰兰悦华购物中心营业楼建筑面积14300平方米的商铺归其所有，一审判决认定事实不清、适用法律错误为由向该中级人民法院申诉，该院经审查对本案进行再审。再审法院经审理对工程欠款的事实认定与原审一致，但认为对于福华建筑公司优先受偿权的范围应当根据相关司法解释的规定和本案的实际情况进行限制。根据《批复》第二条“消费者交付购买商品房的全部或者大部分款项后，承包人就该商品房享有的工程价款优先受偿权不得对抗买受人”的规定，由于丰兰悦华购物中心营业楼建筑面积14300平方米的商铺已由殷某通过抵债途径取得，并办理了产权证书，故福华建筑公司不能对丰兰悦华购物中心营业楼的上述房产主张优先权。对于除此之外的丰兰悦华购物中心营业楼建筑面积2000平方米的商铺，福华建筑公司可以行使优先权，对这些房屋是否存在《批复》第二条所规定的阻却优先权行使的情形，可在执行程序中由相关当事人通过执行异议程序逐户甄别解决。故判决：一、丰兰公司于判决生效后立即给付福华建筑公司工程款1700万元及利息（利息自从2006年12月15日开始起至给付之日止按中国人民银行同期同类贷款利率的四倍计算）；二、如丰兰公司未按判决主文第一项履行义务，福华建筑公司有权在本判决主文第一项确定的工程款及利息范围内，对其承建的除殷某所有的丰兰悦华购物中心营业楼建筑面积14300平方米的商铺以外的丰兰悦华购物中心营业楼工程行使工程价款优先受偿权。

福华建筑公司不服，提出上诉。二审法院经审理对工程欠款的事实认定与一审一致。但认为殷某取得丰兰悦华购物中心营业楼的商铺不属于《批复》第二条规定的情形，故虽然殷某已就相应商铺进行了产权变更登记，取得了产权证书，但亦不能对抗福华建筑公司的建设工程价款优先受偿权，福华建筑公司的该优先权及于其承建的丰兰悦华购物中心营业楼的全部。故维持一审第一项判决，撤销第二项判决，改判：如丰兰公司未按判决第一项履行义务，福华建筑公司有权在判决第一项确定的工程款及利息范围内，对其承建的丰兰悦华购物中心营业楼工程行使工程价款优先受偿权。

## 三、主要观点及理由

根据《批复》第二条规定之精神，已办理了过户登记或虽未办理过户登记但已交付全部或大部分购房款的消费者可以对抗承包人的建设工程价款优先受偿权，也就是说，该优先受偿权只受这部分消费者限制。而本案中，殷某是丰兰公司的债权人，其所拥有的债权为一般债权，因此，福华建筑公司的建设工程价款优先受偿权不受殷某债权的限制。但由于上述房屋已经不在丰兰公司名下，故本案的争议焦点在于福华建筑公司的建设工程价款优先受偿权是否可以及于通过以物抵债方式取得了部分营业楼工程所有权的第三人。

我们知道，追及效力是物权的效力之一，即在物权成立后，其标的物不论辗转入何人之手，物权人均得追及物之所在，而直接支配其物的效力。[①] 追及效力在担保物权上体现得较为明显。由于对建设工程价款优先受偿权的性质存在不同认识[②]，因此，对该优先权是否可以及于通过以物抵债方式取得了建设工程所有权的第三人的认识也存在差异，主要存在两种观点：一种观点认为承包人的建设工程价款优先受偿权只存在属于发包人所有的建设工程上，在建设工程转让给第三人后，承包人的该优先权即被阻断或不复存在。另一种观点认为第三人即使通过以物抵债方式已经取得了建设工程所有权，也不影响承包人就其承建的建设工程行使优先受偿权。

我们倾向于第二种观点，理由详述如下：

目前，对于承包人的建设工程价款优先受偿权在建设工程转让给第三人时，是否具有追及效力，是否能够对抗第三人，现行立法与司法解释均没有明确规定。但根据有关法律、司法解释的规定，从目的解释的角度

---

① 王泽鉴：《民法物权（一）》，中国政法大学出版社 2001 年版，第 62~63 页。

② 对建设工程价款优先受偿权的性质，学界主要存在三种观点：担保物权说、特种债权说、准担保物权说。参见刘保玉：《物权法学》，中国法制出版社 2007 年版，第 390 页；张东旺、孟宪东：《论建设工程优先权》，载《法学论坛》2001 年第 3 期。

出发，我们可以窥见建设工程价款优先受权人与其他受让取得建设工程所有权的第三人之间关系之端倪。《批复》第一条规定："人民法院在审理房地产纠纷案件和办理执行案件中，应当依照《中华人民共和国合同法》第二百八十六条的规定，认定建筑工程的承包人的优先受偿权优于抵押权和其他债权。"该条规定非常明确，建设工程承包人的优先受偿权优先于抵押权。

再看承包人的建设工程价款优先受偿权。首先，从立法目的看，为了实现《合同法》第二百八十六条规定的承包人的建设工程价款优先受偿权的目的，《批复》明确了该优先权优于抵押权。如果该优先权只存在于发包人所有的建设工程上，在建设工程转让后，承包人的建设工程价款优先受偿权即被阻断或不复存在，那么，由于该优先权是一种法定优先权，其依法并不需要登记，故当抵押权人对作为抵押物的建设工程行使抵押权时，登记机关并不会以存在阻碍过户登记的事由为由不予办理，因此，该建设工程很容易在承包人不知道的情况下过户到抵押权人名下，而此时，承包人的优先权将无法及于该建设工程，这就在事实上造成了承包人的建设工程价款优先受偿权劣后于抵押权的结果。而且，不仅如此，在发包人将建设工程抵偿给一般债权人时也会出现类似结果。如此，法律赋予承包人建设工程价款优先受偿权的目的将会落空。显然，将建设工程价款优先受偿权的客体限于发包人所有的建设工程明显违反了立法目的，因而不能成立。

其次，从权利公示看，虽然建设工程价款优先受偿权不以占有或登记为要件，但其作为一种法定优先权，法律已明确赋予了承包人就其承建的工程享有建设工程价款优先受偿的权利，从一定意义上讲这就是一种公示，对建设工程发包人享有债权的第三人应当据此推断某一建设工程上可能负担着建设工程价款优先受偿权。此时，该第三人可以要求发包人向其出具经承包人签章确认的发包人已支付全部工程款的证明，[①] 以

① 当然，如建设工程的工程所有人不能出具经承包人签章确认的发包人已支付全部工程款的证明，并不意味着该建设工程上一定负担着建设工程价款优先受偿权，如发包人已向承包人支付全部工程款，但承包人出于各种原因未向或不同意向发包人出具已支付全部工程款的证明；又如发包人拖欠承包人工程款，但承包人未在法定的期间行使工程款优先权，导致其优先权丧失。在这两种情形下，发包人无法出具经承包人签章的已支付全部工程款的证明，第三人无法准确判断发包人的建设工程上是否负担着工程款优先权。

明确某建设工程上是否负担着建设工程价款优先受偿权。如发包人不能出具经承包人签章的已支付全部工程款的证明，则该第三人应推测其建设工程上可能负担着建设工程价款优先受偿权，其受让该建设工程就不能适用善意取得规则而对抗工程承包人的优先权。[①]

第三，基于以上两点分析，并且基于建设工程价款优先受偿权优先于抵押权的效力，举轻以明重，承包人对于通过以物抵债方式变更登记到第三人名下的建设工程应当至少具有与抵押权人相似的事后救济权利：要么是在其未同意转让时可主张该转让无效以实现建设工程所有权回复，此后再行使优先权实现其债权；要么是受让人将发包人欠承包人的工程价款债务代为清偿，承包人实现其债权；要么是承包人可直接就其承建的建设工程行使优先权以实现其债权。但无论哪种救济方式，无论是否承认该优先权具有追及效力，相同点是：承包人的建设工程价款优先受偿权的客体可以及于第三人通过以物抵债方式取得的建设工程上。本案中，殷某是丰兰公司的债权人，其取得丰兰购物中心工程部分房屋的所有权系通过以物抵债方式取得，因此，不属于《批复》第二条规定所称的消费者，故福华建筑公司的建设工程价款优先受偿权不受殷某债权的限制。

综上，我们认为，根据建设工程价款优先受偿权的立法精神，第三人通过以物抵债方式取得建设工程所有权不能对抗承包人的优先受偿权，承包人对已过户到该第三人名下的承包人承建的房屋行使优先受偿权的权利不应受到限制。

## 四、最高人民法院民一庭裁判观点

通过以物抵债方式取得建设工程所有权的第三人，不是《批复》第二条规定的消费者，不能对抗承包人就其承建的建设工程行使优先受偿权。

---

① 当然，这里的情况不适用于《批复》第二条规定的虽然未办理过户登记但已交付全部或大部分购房款的消费者，以及已办理了过户登记的消费者。

## 【新旧法律依据对照】

| 旧法 | 新法 | 旧司法解释 | 新司法解释 |
| --- | --- | --- | --- |
| 《合同法》<br>**第二百八十六条**<br>发包人未按照约定支付价款的，承包人可以催告发包人在合理期限内支付价款。发包人逾期不支付的，除按照建设工程的性质不宜折价、拍卖的以外，承包人可以与发包人协议将该工程折价，也可以申请人民法院将该工程依法拍卖。建设工程的价款就该工程折价或者拍卖的价款优先受偿。 | 《民法典》<br>**第八百零七条**<br>发包人未按照约定支付价款的，承包人可以催告发包人在合理期限内支付价款。发包人逾期不支付的，除根据建设工程的性质不宜折价、拍卖外，承包人可以与发包人协议将该工程折价，也可以请求人民法院将该工程依法拍卖。建设工程的价款就该工程折价或者拍卖的价款优先受偿。 | 《建设工程施工合同司法解释（二）》（2018）<br>**第十七条**<br>与发包人订立建设工程施工合同的承包人，根据合同法第二百八十六条规定请求其承建工程的价款就工程折价或者拍卖的价款优先受偿的，人民法院应予支持。 | 《建设工程施工合同司法解释（一）》（2020）<br>**第三十五条**<br>与发包人订立建设工程施工合同的承包人，依据民法典第八百零七条的规定请求其承建工程的价款就工程折价或者拍卖的价款优先受偿的，人民法院应予支持。<br>**第三十六条**<br>承包人根据民法典第八百零七条规定享有的建设工程价款优先受偿权优于抵押权和其他债权。 |
| 《物权法》<br>**第一百九十一条**<br>抵押期间，抵押人经抵押权人同意转让抵押财产的，应当将转让所得的价款向抵押权人提前清偿债务或者提存。转让的价款超过债权数额的部分归抵押人所有，不足部分由债务人清偿。 | 《民法典》<br>**第四百零六条**<br>抵押期间，抵押人可以转让抵押财产。当事人另有约定的，按照其约定。抵押财产转让的，抵押权不受影响。 | 《民法通则意见》<br>**第一百一十五条**<br>抵押物如由抵押人自己占有并负责保管，在抵押期间，非经债权人同意，抵押人将同一抵押物转让他人，或者就抵押物价值已设置抵押部分再作抵押的，其行为无效。 | 《民法典担保制度司法解释》<br>**第四十三条**<br>当事人约定禁止或者限制转让抵押财产但是未将约定登记，抵押人违反约定转让抵押财产，抵押权人请求确认转让合同无效的，人民法院不予 |

续表

| 旧法 | 新法 | 旧司法解释 | 新司法解释 |
| --- | --- | --- | --- |
| 抵押期间，抵押人未经抵押权人同意，不得转让抵押财产，但受让人代为清偿债务消灭抵押权的除外。<br><br>**《担保法》**<br>**第四十九条**<br>抵押期间，抵押人转让已办理登记的抵押物的，应当通知抵押权人并告知受让人转让物已经抵押的情况；抵押人未通知抵押权人或者未告知受让人的，转让行为无效。<br>转让抵押物的价款明显低于其价值的，抵押权人可以要求抵押人提供相应的担保；抵押人不提供的，不得转让抵押物。<br>抵押人转让抵押物所得的价款，应当向抵押权人提前清偿所担保的债权或者向与抵押权人约定的第三人提存。超过债权数额的部分，归抵押人所有，不足部分由债务人清偿。 | 抵押人转让抵押财产的，应当及时通知抵押权人。抵押权人能够证明抵押财产转让可能损害抵押权的，可以请求抵押人将转让所得的价款向抵押权人提前清偿债务或者提存。转让的价款超过债权数额的部分归抵押人所有，不足部分由债务人清偿。 | 债务人以抵押物清偿债务时，如果一项抵押物有数个抵押权人的，应当按照设定抵押权的先后顺序受偿。<br><br>**《担保法司法解释》**<br>**第六十七条**<br>抵押权存续期间，抵押人转让抵押物未通知抵押权人或者未告知受让人的，如果抵押物已经登记的，抵押权人仍可以行使抵押权；取得抵押物所有权的受让人，可以代替债务人清偿其全部债务，使抵押权消灭。受让人清偿债务后可以向抵押人追偿。<br>如果抵押物未经登记的，抵押权不得对抗受让人，因此给抵押权人造成损失的，由抵押人承担赔偿责任。 | 支持；抵押财产已经交付或者登记，抵押权人请求确认转让不发生物权效力的，人民法院不予支持，但是抵押权人有证据证明受让人知道的除外；抵押权人请求抵押人承担违约责任的，人民法院依法予以支持。<br>当事人约定禁止或者限制转让抵押财产且已经将约定登记，抵押人违反约定转让抵押财产，抵押权人请求确认转让合同无效的，人民法院不予支持；抵押财产已经交付或者登记，抵押权人主张转让不发生物权效力的，人民法院应予支持，但是因受让人代替债务人清偿债务导致抵押权消灭的除外。 |

# 【法律适用指引】

## 法律适用指引一

### 抵押财产转让与抵押权的追及力

物权的追及效力，是指物权设立后，不论标的物辗转流入何人之手，物权人都有权追及物之所在并直接支配该物的效力。就抵押权来说，其追及力表现为，在抵押人将抵押物转让他人的情况下，抵押权人可以向受让人主张抵押权，即受让人取得的是有抵押权负担的财产。之所以要对抵押财产转让进行限制，主要是为了降低因抵押财产转让给抵押权人或者抵押人造成的风险：比如，转让已设定抵押但未办理登记的汽车，如买受人根据善意取得制度取得所有权，则抵押权消灭，对抵押权人不利；如买受人取得的是有抵押权负担的抵押财产，则对抵押人不利。我们认为，此种担心既没必要，也不符合民法原理。因为从法理上说，设定抵押权，仅是在物上设定了权利负担，抵押人作为抵押财产的所有权人，仍然享有对抵押财产的支配权，其中就包括了转让抵押财产的权利，对抵押财产转让进行限制法理依据不足，此其一。其二，在抵押权已经进行登记的情况下，买受人自愿买受的，根据抵押权的追及效力，允许抵押权人向买受人主张抵押权，对买受人并无不公。反之，已设定但未经登记的动产抵押，不能对抗善意买受人，由抵押权人来承担因未办理登记而产生的风险，对其亦无不公。其三，抵押财产所得的价款可用于清偿债务，既有利于抵押权人实现权利，也减少了抵押权实现的成本。至于转让所得价款不足以清偿债务的，抵押权人既可以通过行使追及力的方式向受让人主张抵押权，也可以通过让抵押人补足差价的方式实现债权，并不当然会损害抵押权。综合前述考虑，《民法典》第四百零六条允许抵押人在抵押期间转让抵押财产。准确理解《民法典》第四百零六条，需要把握以下几点：

第一，抵押人有权转让抵押财产。抵押人转让抵押财产属于有权处分，不以抵押权人同意为生效条件。况且，即便属于无权处分，根据区分原则，转让合同不以出让人有处分权为必要，无权处分也不影响转让合同的效力。

第二，关于另有约定问题。如果抵押合同约定，抵押财产不能转让，或者转让须经抵押权人同意的，根据意思自治原则，此种约定在当事人之间有效，但此种约定不得对抗善意第三人。

第三，应当区分抵押权是否已经进行登记而予以区别对待。已经登记的抵押权原则上可以对抗买受人，即便买受人已经取得抵押财产所有权，抵押权人仍然可以根据抵押权的追及效力，向受让人主张权利。反之，已设立但未经登记的动产抵押权，不能对抗善意买受人，买受人取得无权利负担的抵押财产所有权。至于抵押权人能否针对抵押人转让所得的价款行使优先权，涉及物上代位权是否包括价金这一问题。

## 法律适用指引二

### 建设工程价款优先受偿权的权利主体

从《民法典》第八百零七条文义上理解，承包人享有建设工程价款优先受偿权。根据《民法典》规定，建设工程的承包人包括勘察人、设计人和施工人。由于我国建筑市场不规范，存在转包、违法分包、支解发包、借用建筑工程施工资质签订建设工程施工合同等情况。因此，建筑市场存在多种施工，包括直接与发包人订立建设工程施工合同的承包人、转包合同和分包合同的承包人、借用资质和出借资质的承包人等。实践中，对于哪些承包人享有建设工程价款优先受偿权的问题，争议较大。第一，建设工程的勘察人和设计人不享有建设工程价款优先受偿权。建设工程价款优先受偿权制度的初衷是保护农民工等建筑工人的工资权益。建设工程是农民工等建筑工人劳动物化的成果，因此，应当对建筑工人的物化劳动予以特别优先保护。农民工等建筑工人主要受雇于建设工程施工合同的承包人。因此，原则上建设工程的勘察人和设计人不享有建设工程价款优先受偿权。第二，转包合同和分包合同的承包人不享有建设工程价款优先受偿权。关于建设工程价款优先受偿权的主体，《建设工程施工合同司法解释（一）》第三十五条规定：“与发包人订立建设工程施工合同的承包人，依据民法典第八百零七条规定请求其承建工程的价款就工程折价或者拍卖的价款优先受偿的，人民法院应予支持。”《民法典》第八百零七条规定的本意是，与发包人没有建设工程施工合同关系的实际施工人不享有建设工程价款优先受偿权。这是基于平衡保护农民利益和保护交易安全及其他当事人利益的考虑。第三，不仅实际施工人不能享有建设工程价款优先受偿权，合法分包合同的承包人与发包人之间也不存在建设工程施工合同关系，合法分包合同的承包人也不享有建设工程价款优先受偿权。因此，转包合同和分包合同的承包人均不应享有建设工程价款优先受偿权。第四，支解发包情况下，承包非主体工程的承包人不享有建设工程价款优先受偿权。在支解发包的情况下，存在多个承包人，且承包人均与发包人签订了建设工程施工合同。在支解发包合同中，不仅发包人有过错，承包人也有过错。在存在多个承包人的情况下，如果每个承包人都享有建设工程价款优先受偿权，将会对工程的施工、利用以及交易安全造成较大的损害，尤其是承包非主体工程的承包人，其可能因为一小部分分项工程的价款而对全部建设工程行使建设工程价款优先受偿权，对施工秩序和交易秩序的影响都非常大。因此，综合当事人过错、各方当事人利益和建设工程施工的客观情况，在支解发包的情况下，笔者认为，应当将建设工程价款优先受偿权的权利人限定为承包主体工程的承包人。第五，与代建人签订建设工程施工合同的承包人享有建设工程价款优先受偿权。第六，借用资质签订建设工程施工合同的情况下，缺乏资质的单位或者个人是否享有建设工程价款优先受偿权的问题，实践中存在争议。对这一问题，有两点需要注意：一是享有建设工程价款优先受偿权的主体原则上应当是一人而不宜为多人；二是在处理出借资质的建筑企业、借用资质的单位或者个人、发包人三方之间的关系时，应当考虑《民法典》第一百四十六条规定，以各方当事人的真实意思为基础确定各自法律关系。

## 法律适用指引三

### 承包人行使建设工程价款优先受偿权的条件

依据《民法典》第八百零七条规定，建设工程的价款就建设工程折价或者拍卖的价款优先受偿需要具备以下条件：一是发包人未按照建设工程施工合同约定支付建设工程价款；二是发包人经承包人催告后，在合理期限内仍未支付建设工程价款；三是建设工程依其性质，宜折价、拍卖；四是承包人与发包人协议将该工程折价，或者请求人民法院将该工程依法拍卖。在满足上述四个条件后，承包人就可以要求其对发包人享有的建设工程价款债权就该工程折价或者拍卖的价款优先受偿。实践中，承包人并非严格按照上述程序或者条件行使建设工程价款优先受偿权，通常在请求发包人支付欠付工程款时，一并主张享有或者行使建设工程价款优先受偿权。对此，司法实践一般予以认可。此外，司法审判中还应注意以下问题：第一，承包人行使建设工程价款优先受偿权应当以建设工程质量合格为条件。如果承包人施工完成的建设工程质量不合格，导致发包人合同目的不能实现，就无权请求发包人依照约定支付建设工程价款。而且，质量不合格的建设工程一般也适于折价或者拍卖。第二，承包人行使建设工程价款优先受偿权无需以建设工程施工合同有效为条件。关于承包人行使建设工程价款优先受偿权是否必须以建设工程施工合同有效为前提的问题，《建设工程施工合同司法解释（一）》第三十八条规定："建设工程质量合格，承包人请求其承建工程的价款就工程折价或者拍卖的价款优先受偿的，人民法院应予支持。"《民法典》第八百零七条解释的本义是，承包人享有建设工程价款优先受偿权必须以建设工程质量合格为前提，无需以建设工程施工合同有效为前提。第三，承包人行使建设工程价款优先受偿权无需以建设工程竣工为条件。建设工程价款优先受偿权不是合同权利而是法定权利，其成立不以登记或当事人达成一致意见为条件，而是以法律规定的构成要件成就为条件。对此，《建设工程施工合同司法解释（一）》第三十九条规定："未竣工的建设工程质量合格，承包人请求其承建工程的价款就其承建工程部分折价或者拍卖的价款优先受偿的，人民法院应予支持。”第四，承包人行使建设工程价款优先受偿权须以建设工程宜折价、拍卖为条件。

---

### 法律适用指引四

建设工程价款优先受偿的范围

---

从《民法典》第八百零七条规定的文义上理解，只要是建设工程施工合同所约定的价款，均可就建设工程折价或者拍卖的价款优先受偿。关于建设工程价款的范围，原住建部、财政部印发的《建筑安装工程费用项目组成》第一条第一款规定：“建筑安装工程费用项目按费用构成要素组成划分为人工费、材料费、施工机具使用费、企业管理费、利润、规费和税金。”原建设部《建设工程施工发包与承包价格管理暂行规定》第五条规定：“工程价格由成本（直接成本、间接成本）、利润（酬金）和税金构成。”二者虽然表述不同，但内涵基本一致。在确定建设工程价款优先受偿的范围时，应当依照上述规定确定。关于建设工程价款优先受偿的范围问题，最高人民法院已经在对下级法院的批复中作出过答复。2002 年 6 月 20 日，最高人民法院发布了《最高人民法院关于建设工程价款优先受偿权问题的批复》。对于建设工程价款优先受偿的范围问题，该批复第 3 条规定，建筑工程价款包括承包人为建设工程应当支付的工作人员报酬、材料款等实际支出的费用，不包括承包人因发包人违约所造成的损失。该条批复将建设工程价款限定为承包人为建设工程应当支付的工作人员报酬、材料款等实际支出的费用，目的是回归《合同法》第二百八十六条设立建设工程价款优先受偿权制度的本意，也有利于进一步平衡各方当事人的权益。从价值取向和法理基础而言，该批复第三条规定是适当的，但其也存在不足，即缺乏可操作性，没有考虑诉讼成本。从建设工程施工合同司法实践来看，要从建设工程价款中计算承包人为建设工程应当支付的工作人员报酬、材料款等实际支出的费用，缺乏可操作性，即使可能，成本也太高。因此，上述批复在司法实践中适用的

效果并不太理想。对此《建设工程施工合同司法解释（一）》第四十条规定："承包人建设工程价款优先受偿的范围依照国务院有关行政主管部门关于建设工程价款范围的规定确定。承包人就逾期支付建设工程价款的利息、违约金、损害赔偿金等主张优先受偿的，人民法院不予支持。"上述解释将承包人利润予以优先保护，目的是减少当事人诉累，便于纠纷处理，而将利息排除在建设工程价款优先受偿权保护之外，是基于利益平衡的考虑。

## 法律适用指引五

建设工程价款优先受偿权的除斥期间

原《最高人民法院关于建设工程价款优先受偿权问题的批复》第四条规定，行使建设工程价款优先受偿权的期间自建设工程竣工之日或者建设工程合同约定的竣工之日起计算6个月。该条规定在实践中适用的效果并不理想，主要原因是没有考虑到从建设工程竣工到验收合格再到完成建设工程价款结算需要一定时间。实践中建设工程竣工验收和工程价款结算都是争议较大的问题，所耗费的时间也较长。这也导致上述规定缺乏可操作性，可能会导致承包人的建设工程价款优先受偿权实质上落空。在履行建设工程合同过程中，建设工程竣工后，还需要发包人组织各方当事人进行验收，如果验收不合格，则需由承包人对不合格工程进行修复。如果建设工程经竣工验收合格或者修复后经验收合格，则需要发包人与承包人进行结算。结算的方式既可以是双方依据合同约定和实际施工情况进行对账，也可能是依合同约定由相关审计单位进行审计，或者由发包人和承包人共同委托的专业机构或者人员就建设工程价款出具咨询意见，作为双方结算的依据。只有在确定建设工程价款数额之后，承包人才能行使建设工程价款优先受偿权。对此，《建设工程施工合同司法解释（一）》第四十一条规定："承包人应尚在合理期限内行使建设工程价款优先受偿权，但最长不得超过十八个月，自发包人应当给付建设工程价款之日起算。"

**法律适用指引六**

承包人承诺放弃建设工程价款优先受偿权行为的效力

建设工程价款优先受偿权是较为特殊的民事权利。关于建设工程价款优先受偿是否可由承包人承诺放弃的问题，实践中存在争议。一方面，依民法法理，如果不违反法律的禁止性规定和社会公序良俗，民事主体有权自由处分其财产权利，包括放弃财产权利或者限制该财产权利。如果民事主体放弃或者限制财产权利的行为损害第三人利益的，对第三人不发生效力；另一方面，建设工程价款优先受偿权属于法定权利，《民法典》第八百零七条规定赋予承包人此项权利，目的是为保护建筑工人的利益。因此，承包人对该项权利的处分不能违背《民法典》第八百零七条的立法宗旨，不能损害农民工等建筑工人的权益。对此，《建设工程施工合同司法解释（一）》第四十二条规定："发包人与承包人约定放弃或者限制建设工程价款优先受偿权，损害建筑工人利益，发包人根据该约定主张承包人不享有建设工程价款优先受偿权的，人民法院不予支持。"

**法律适用指引七**

建设工程价款债权转让后，受让人是否应享有优先受偿权在现行解释中尚无定论

有意见基于工程价款优先受偿权系从权利且认可受让人享有优先受偿权有利于承包人权利的实现，认为工程价款债权受让人应当享有工程价款优先受偿权。然而，工程价款优先受偿权制度的目的是保护建筑工人的劳动报酬，承包人转让工程价款债权获得相应对价后，则建筑工人的劳动报酬已经实现，而受让人并不涉及劳动报酬问题。

## 法律适用指引八

### 工程价款优先受偿权的行使程序

承包人行使工程价款优先受偿权，得以其承建的工程质量合格、发包人未依约支付工程价款、建设工程的性质适宜折价或者拍卖为前提。同时，依据《民法典》第八百零七条的规定，承包人行使优先受偿权的程序如下：（1）催告。《民法典》第八百零七条的表述是："发包人未按照约定支付价款的，承包人可以催告发包人在合理期限内支付价款。发包人逾期不支付的……承包人可以……"故发包人不支付价款的，承包人不能立即将工程折价或者请求人民法院拍卖，而是应当催告发包人在合理期限内支付价款。如果在该期限内，发包人支付了价款，则承包人只能要求发包人承担违约责任。值得注意的是，实务中，承包人的催告方式可以灵活多样，但向人民法院提起诉讼应当是最重要的一种催告方式。（2）折价或者拍卖。折价时，发包人、承包人可以共同聘请具有法定资质的评估机构对建设工程的价值作出科学的、符合市场行情的评估，并以该评估为基础确定具体的折价额。同时双方签订协议，将工程的所有权由发包人转移给承包人，从而使承包人的工程价款债权得以实现。折价抵偿工程价款是当事人自行协商解决发包人拖欠工程款的一种方式。折价协议签订后，发包人、承包人之间形成新的合同关系，原有的建设工程施工合同被折价协议替代。发包人应当按照新的协议将建设工程转移给承包人，同时承包人应当将建设工程中超出发包人所欠工程价额度的价款返还发包人。折价协议达成后，如果承包人不履行折价协议，则发包人可诉请人民法院确认承包人违约；如果发包人不履行该协议，承包人可以请求人民法院拍卖建设工程以实现其工程价款权。根据《民法典》第八百零七条的规定，请求人民法院拍卖建设工程是实现工程价款优先受偿权另一种方式，而且是一种最重要、最常见的方式。《民法典》第八百零七条中规定："承包人可以与发包人协议将该工程折价，也可以请求人民法院将该工程依法拍卖。"这一规定表明，折价不是拍卖的前提，折价或者拍卖，由承包人根据具体案情作出选择。承包人既可以在折价不成时请求人民法院拍卖，也可以直接请求人民法院予以拍卖。

**法律适用指引九**

抵押人转让抵押物及时通知抵押权人的意义

根据《民法典》第四百零六条第二款的规定，抵押人虽有转让抵押物的自由，但应及时通知抵押权人。问题是，如果抵押人转让抵押物未及时通知抵押权人，其法律后果是什么？我们认为，《民法典》之所以规定抵押人要及时通知抵押权人抵押物已经转让的事实，是为了抵押权人行权的方便。就此而言，我们倾向认为，不仅抵押人在转让抵押物时应及时通知抵押权人，明知标的物已设立抵押还受让抵押物的买受人再次转让抵押物的，也应及时通知抵押权人。如果抵押人或者抵押物的受让人未将抵押物转让的事实及时告知抵押权人，导致抵押权人无法行使抵押权或者增加了实现抵押权的费用的，转让抵押物的抵押人或者抵押物的受让人均应对抵押权人的损失承担赔偿责任。

## 【类案裁判观点】

**类案裁判观点一**

应否承认价金代位

根据《民法典》第三百九十条的规定，抵押权的物上代位性，指的是在抵押物毁损、灭失或者被征收等情况下，抵押权人可以就获得的保险金、赔偿金或者补偿金等代位物优先受偿的法律属性。从该条规定看，产生物上代位的事实限于毁损、灭失或者被征收等导致抵押物所有权绝对灭失的事实，而转让只是导致所有权主体的变更，并未导致抵押物的灭失，故从文义上看，转让所得价款不属于代位物的范畴。

从《民法典》第四百零六条规定看，抵押人转让抵押财产可能损害抵押权时，抵押权人仅能请求抵押人将所得价款用于提前清偿或者提存，并未规定对价款享有优先受偿权。就此而言，《民法典》第四百零六条亦未承认价金代位制度。之所以未规定价金代位制度，是因为《民法典》第四百零六条认可抵押权具有追及效力，因此在抵押财产转让时，抵押权人可以向受让人主张抵押权，一般无须用物上代位制度来解决抵押权人的保护问题。在动产抵押已经设立但未经登记，而买受人又善意取得动产所有权的情况下，抵押权人的抵押权消灭，此时，抵押人转让抵押财产的行为损害了抵押权，抵押权人可以请求抵押人将转让所得价款用于提前清偿债务或者提存。抵押人怠于履行通知义务，导致抵押权人未能行使相关权利，因此遭受损失的，抵押人应当承担损害赔偿责任。

## 类案裁判观点二

装饰装修工程的承包人享有建设工程价款优先受偿权

装饰装修工程承包人所享有的工程款中也包含农民工等建筑工人的工资利益，依法理也应当享有建设工程价款优先受偿权。对此问题，《最高人民法院关于装饰装修工程款是否享有合同法第二百八十六条规定的优先受偿权的函复》为："福建省高级人民法院：你院闽高法〔2004〕143 号《关于福州市康辉装修工程有限公司与福州天胜房地产开发有限公司、福州绿叶房产代理有限公司装修工程承包合同纠纷一案的请示》收悉。经研究，答复如下：装饰装修工程属于建设工程，可以适用《合同法》第二百八十六条[①]关于优先受偿权的规定，但装饰装修工程的发包人不是该建筑物的所有权人或者承包人与该建筑物的所有权人之间没有合同关系的除外。享有优先权的承包人只能在建筑物因装饰装修而增加价

① 对应《民法典》第八百零七条。

值的范围内优先受偿。此复。”《建设工程施工合同司法解释（一）》吸纳了上述批复的内容，该解释第三十七条规定：“装饰装修工程具备折价或者拍卖条件，装饰装修的承包人请求工程价款就该装饰装修工程折价或者拍卖的价款优先受偿的，人民法院应予支持。”

# 三、占　有

# 【案例八】

## 当事人主张占有物返还，应当就其系物的合法占有人以及侵占人非法侵害占有等事实承担举证责任

——上诉人天津福特斯有限公司与被上诉人天津市蓟县供热服务中心占有物返还纠纷二审案*

### 【法理提示】

当事人依据《物权法》第二百四十五条规定，主张占有物返还的，应当就其系物的合法占有人以及侵占人非法侵害占有的事实，承担举证证明责任。当事人主张侵害占有损害赔偿的，应当按照侵权责任的构成要件予以审查认定。

上诉人（原审原告）：天津福特斯有限公司，住所地天津市河东区新开路与华捷道交口东北侧新天地家园 18-1-1501。

法定代表人：李某平，该公司董事长。

委托代理人：戴某瑜，北京智勇律师事务所律师。

委托代理人：陈某宇，北京智勇律师事务所律师。

被上诉人（原审被告）：天津市蓟县供热服务中心，住所地天津市蓟县中昌北路 63 号。

法定代表人：李某丰，该中心主任。

---

* 案例来源：最高人民法院民事审判第一庭编：《民事审判指导与参考》2015 年第 4 辑（总第 64 辑）。

委托代理人：白某辉，天津和瀛律师事务所律师。

委托代理人：王某，天津和瀛律师事务所律师。

第三人：天津市华奥供热有限责任公司，住所地天津市蓟县城关镇商贸街150号。

法定代表人：刘某涛，该公司董事长。

委托代理人：张某光，北京友融律师事务所律师。

## 一、天津市高级人民法院一审查明的案件事实

2008年11月10日，甲方天津市供热管理办公室（以下简称供热办）与乙方天津市华奥供热有限责任公司（以下简称华奥公司）就天津市蓟县宝塔路锅炉房2008-2009年度供热运行和建设维修管理工作签订《协议书》，主要约定：（1）乙方负责宝塔路供热站的建设维修、运行和经营管理工作，用热单位及业主签订并履行《供热协议书》及《供用热合同》，保证供热质量。（2）甲方委派专业技术人员对宝塔路锅炉房2008-2009年度供热运行管理工作进行监督和技术指导，不计报酬。（3）甲方协助乙方申请市、县供热运行及其他政策资金补贴，负责运行及其他政策资金补贴到位。乙方应及时提供相关资料。（4）双方对本协议书的内容、条款、词语已理解无其他异议，未尽事宜可对协议条款进行补充，以书面形式签订补充协议，补充协议与本协议书具有同等效力。（5）本协议书生效后，双方不准单方解除并应严格履约。如单方违约，违约方应赔偿守约方经济损失，经济损失的计算以守约方实际经济损失为准。（6）本协议书自签订之日起生效，有效期至2009年3月15日止，在乙方享有的权利和利益尚未得以实现时本协议书的有效期顺延。

2008年11月13日，甲方供热办与乙方华奥公司签订《补充协议书》，主要约定：（1）按照《天津市集中供热管理规定》，乙方已向甲方申办供热特许经营许可，现甲方尚在为乙方办理。为确保供热，甲方赋予乙方履行与用热单位及用热人签订《供热协议书》《供用热合同》的权利、义务和责任。（2）甲方保护乙方享有的权益和利益，授权乙方对用热单位及用热人拒不履行《供热协议书》《供用热合同》及私改供热

设施和未经乙方同意擅自更改供热设施的予以停暖，诉讼追偿损失的权利。(3) 将协议书违约责任条款修改为：违约方应赔偿守约方经济损失，经济损失的计算，违约方按守约方实际经济损失的双倍给予赔偿。(4) 补充协议书与协议书具有同等效力。

2008年11月15日，供热办出具《授权委托书》，委托华奥公司作为其代理人，主要权限为：(1) 与用热单位及用热人签订及履行《供热协议书》《供用热合同》，按照蓟县物价局文件收费标准收费。(2) 诉讼追偿用热单位及用热人欠费、损失和违约金。(3) 执行天津市人民政府令第64号《天津市集中供热管理规定》。(4) 在《协议书》《补充协议书》所载明受委托人的权益和利益尚未完全得以实现时，委托人不准撤销本授权委托书。

2008年11月23日，甲方供热办与乙方华奥公司签订《补充协议(二)》，主要约定：(1) 按照《协议书》《补充协议书》的约定和甲方《授权委托书》赋予乙方的代理权限，由乙方履行与用热单位蓟县外贸局签订《供热协议书》、与用热人蓟县外贸局凤凰小区业主签订《供用热合同》，按照蓟县物价局文件收费标准收取供热工程建设费和采暖费，确保供热质量。(2) 收缴的供热工程建设费用用于乙方供热设施建设投资，所有权归乙方所有，不必上缴甲方。(3)《协议书》《补充协议书》和甲方出具的《授权委托书》所载明的《供热协议书》《供用热合同》用语的解释是：①《供热协议书》是指乙方与用热单位签订的供用热合同关系，由乙方提供热源，包括锅炉房上法兰盘接口至小区一次管网的供热管道和热交换机组等供热设施投资建设，用热单位向乙方按物价局文件标准支付供热工程建设费的权利、义务和责任关系。②《供用热合同》是指乙方与用热单位签订的供用热服务合同关系，由乙方给用热人提供供暖服务，用热人按物价局文件标准向乙方缴付采暖费的权利、义务和责任关系。(4)《协议书》期限条款修改为：乙方的供热设施出让后，乙方享有的权益全部实现《协议书》终止。(5)《协议书》《补充协议书》、甲方出具的《授权委托书》，除本补充协议第三条外，其他内容、词语的含义等解释权归乙方。(6) 本补充协议的内容、示范、用语解释，作为双方对《协议书》《补充协议书》、甲方出具的《授权委托书》实施与履行的补充附件，经双方盖章后具有同等效力。原《协议书》《补充协议书》、甲方出具的《授权委托书》的内容与本补充协议相抵触的，以本补充协议为准。

2009年6月2日，供热办经天津市机构编制委员会办公室批准更名为“天津市蓟县供热服务中心”，系蓟县房管局所属事业单位。

2012年11月至12月间，众多用热业主反映华奥公司运营的宝塔路供热站供热温度不达标。2012年12月31日，天津市蓟县应急管理办公室决定启动供热应急预案，责成供热中心负责恢复宝塔路供热站供热范围内的正常供热工作。由此，供热中心与华奥公司发生争议。在协商过程中，华奥公司曾向行政主管部门报送请示，请求转让诉争供热设施；供热中心则表示解除《协议书》《补充协议书》及《授权委托书》。

因双方当事人未能协商一致，供热中心于2013年9月5日向天津市蓟县人民法院（以下简称蓟县法院）提起诉讼，请求判令：（1）解除2008年11月15日出具的《授权委托书》；（2）华奥公司将蓟县宝塔路供热站院墙外的供热管网及时代花园热交换站两座、山水颐城北园热交换站一座、天一绿海城（揽秀园）热交换站两座、天一绿海城（揽翠园）热交换站一座的使用权交付供热中心。2013年9月27日，供热中心针对前述宝塔路供热站供热设施提出先予执行申请。2013年9月29日，蓟县法院作出（2013）蓟民二初字第710号民事裁定，裁定华奥公司向供热中心交付宝塔路供热站供热设施。2013年10月10日，供热中心依照已生效的先予执行裁定，实际接收占有宝塔路供热站院墙外的供热管网及时代花园热交换站两座、山水颐城北园热交换站一座、天一绿海城（揽秀园）热交换站两座、天一绿海城（揽翠园）热交换站一座，并与热电联产供热管网连接。2013年12月2日，华奥公司向蓟县人民政府报送《关于供热中心支付、收购宝塔路供热站资产转让金的请示》，明确表示：由于供热中心强行侵占华奥公司的供热管道、供热设备等并已使用，请求蓟县人民政府督促供热中心于2013年12月31日前支付整体转让金4.56亿元。如逾期不能支付上述款项，供热中心应返还前述供热设备设施并赔偿损失。

关于供热中心提起的诉讼，蓟县法院经审理认为，双方当事人系委托关系。华奥公司接受委托收取供热工程建设费，建设供热设施，为用热户提供集中供热热源。因2012至2013年度供热期未能正常供热，且华奥公司亦提出转让要求，至今尚未取得供热经营许可证。为保障宝塔路供热站正常供热，供热中心的主张应予支持。关于宝塔路供热站供热设施的财产权属等问题，不属于该案审理范围，可另行解决。2013年11月19日，蓟县法院作出（2013）蓟民二初字第710号民事判决，支持了供热中心提出的诉讼请求。华奥公司不服该判决，向天津市第一中级人民法院（以下简称天津一中院）提起上诉。2014年2月19日，天津一中院作出（2014）一中民二终字第22号民事判决，驳回上诉，维持原判。华奥公司以“原审法院将福特斯公司排除在诉讼之外，遗漏当事人为由”，申请再审申请。天津市高级人民法院（以下简称天津高院）经审查认为天津福特斯有限公司（以下简称福特斯公司）既非合同相对人，亦非必须参加诉讼的当事人，遂于2014年8月15日作出（2014）津高民申字第0812号民事裁定，驳回了华奥公司的再审申请。此后，福特斯公司亦提出再审申请。天津高院经审查认为供热设施的财产权属等问题，不属于原审审理范围，原两审法院已明确告知当事人另行解决，福特斯公司以华奥公司资产受让人的名义主张供热设施的财产所有权，不属于再审审查的范围。2014年9月3日，天津高院作出（2014）津高民申字第0813号民事裁定，驳回了福特斯公司的再审申请。

一审法院另查明，福特斯公司原名称为天津世纪力泰科技发展有限公司（以下简称世纪力泰公司），2014年2月10日经工商行政主管部门核准后更名。福特斯公司主张以下事实：2013年7月26日，世纪力泰公司与华奥公司签订《蓟县宝塔路供热站资产交易清查交接登记表》。同日，世纪力泰公司与华奥公司签署确认书（一）、（二）、（三）。2013年7月28日，世纪力泰公司（甲方）与华奥公司（乙方）签订《蓟县宝塔路供热站资产买卖合同》，主要约定：（1）乙方整体出卖其名下蓟县宝塔路供热站资产，其中第一批出卖的资产包括热力管网、换热站设备、锅炉、配电系统等，价款 21223 万元。（2）甲方于当日已给付乙方 21100 万元，尚欠 123 万元于 2013 年 9 月 1 日前支付。（3）乙方出卖的供热站时代花园小区热力管网、天一绿海小区热力管网、现代城小区热力管网、凤凰小区热力管网及供热站配电设施等资产所有权、使用权、经营权、收费权全部归甲方所有，双方已进行清查交接登记。（4）2013-2014 年度居民供热事宜另行订立补充合同。（5）乙方出卖的供热站第二批资产包括房屋、土地及其他构筑物，约定市场出卖价格为 22477 万元，乙方办完供热站房地产权证后 30 日内签订合同。签约前，供热站房屋和土地及其他构筑物等供热设施使用权、经营权、收费权交付甲方。（6）出卖的资产所涉债权、债务由乙方负责清偿，与甲方无关。（7）如单方违约应支付违约金，违约金按照合同总标的日万分之五计算，自违约之日起至违约责任消除之日止。同日，世纪力泰公司（甲方）与华奥公司（乙方）签订《蓟县宝塔路供热站资产交易款项结算书》，主要约定：（1）甲方买受了供热站热力管道、换热站设备、锅炉及配套设备等资产，应给付乙方 21223 万元。（2）乙方应偿还向甲方的借款本金及利息 11072 万元，见确认书（一）；乙方应付购买甲方项目价款 3788.20 万元，见确认书（二）；乙方应支付甲方供热站设备技术改造工程款 6239.80 万元，此款不包括乙方预留工程质保金 800 万元，见确认书（三）；乙方应付甲方以上款项合计 21100 万元。（3）甲方欠付的 123 万元，于 2013 年 9 月 1 日前支付。同日，华奥公司出具收条，确认收到世纪力泰公司支付的 21100 万元。2013 年 7 月 31 日，世纪力泰公司与华奥公司签订《蓟县宝塔路供热站资产买卖合同补充合同（一）》。

2014 年 4 月 2 日，福特斯公司与华奥公司就蓟县宝塔路供热站二次热力管网买卖未尽事宜签订《蓟县宝塔路供热站资产买卖合同补充合同（二）》。

经一审法院询问，华奥公司对其与供热中心、福特斯公司（原世纪力泰公司）签订的一系列协议的真实性均无异议。

本案成讼时，福特斯公司的股东包括刘某国、刘某明、王某青、天津嘉信集团有限公司（以下简称嘉信集团）。嘉信集团的股东包括刘某兴、刘某明、刘某兴。2015 年 1 月，福特斯公司的股东变更为王某青、李某平、刘某国。

## 二、当事人一审起诉与答辩

福特斯公司起诉称，2007 年 3 月，华奥公司在天津市蓟县宝塔路东侧建设供热站，为 340 万平方米规划建设面积集中供热。2008 年 11 月 10 日、11 月 23 日，华奥公司与供热中心签订协议及补充协议，并由供热中心于 2008 年 11 月 15 日出具授权委托书，委托华奥公司向规划住宅小区供热，收取采暖费、供热工程建设费等费用，所收费用归华奥公司所有，用于供热设施建设及经营使用，资产归华奥公司所有。华奥公司自 2007 年 12 月开始供热，2013 年 7 月 28 日和 2014 年 4 月 2 日，华奥公司与福特斯公司签订协议，将供热管道及设备等资产转让给福特斯公司，福特斯公司即持有该供热设施的所有权、使用权、经营权、收费权。2013 年 9 月 5 日，供热中心以华奥公司为被告提起诉讼。蓟县法院判决解除了委托合同，华奥公司持有的资产，即供热站一次管网和二次管网及换热设备等供热设施由供热中心强行接管使用。华奥公司不服提起上诉，天津一中院判决驳回了华奥公司的上诉请求。华奥公司与福特斯公司均不服，提出再审申请，又被驳回。福特斯公司的诉讼请求为：（1）供热中心立即返还福特斯公司供热管道及设施、设备的经营权、使用权，并赔偿自 2013 年 10 月 8 日至 2014 年 10 月 7 日期间的经营损失 550 万元；（2）如不能返还，供热中心向福特斯公司支付投资损失 26358 万元；（3）诉讼费用由供热中心承担。2014 年 10 月 13 日，福特斯公司变更诉讼请求，具体内容为：（1）撤销原第一项诉讼请求中赔偿损失的要求；（2）变更原第二项诉讼请求为如不能返还，供热中心向福特斯公司支付投资损失 32840 万元；（3）第三项诉讼请求不变。

供热中心答辩称，（1）福特斯公司的诉讼主体资格不适格。按照《中华人民共和国民事诉讼法》的相关规定，原告必须是与本案有直接利害关系的公民、法人或其他组织，福特斯公司作为原告以占有物返还纠纷提起诉讼，所谓占有是指对于物在事实上的支配和控制权，福特斯公司的请求权没有法律基础，不享有对供热中心的诉权。（2）双方当事人之间不存在直接的法律关系，福特斯公司无权对供热中心直接主张权利。福特斯公司与华奥公司可能存在权利义务关系，而华奥公司曾经与供热中心存在委托供热关系。但是该委托供热关系已经合法解除。如果福特斯公司认为自身的权益受到损害，可以向华奥公司主张违约责任，而不能直接向供热中心主张占有物的返还。（3）福特斯公司对本案诉争的所谓华奥公司资产的财产权利和范围存在误解。按照《天津市供热用热条例》和《天津市新建房屋供热工程建设费征收管理办法》等相关规定，供热工程建设费属于行政事业性收费，应当专款专用，专项用于相关供热设施的建设。华奥公司接受供热中心的委托，从用热单位收取的供热工程建设费并由此投资形成的供热管网等资产，并不属于华奥公司的资产，华奥公司也无权把该部分资产转让给福特斯公司。综上，福特斯公司的主张不能成立，请求依法驳回其全部诉讼请求。

## 三、天津市高级人民法院一审认定与判决

一审法院认为，本案争议焦点为：福特斯公司请求供热中心返还讼争供热设施设备的主张能否成立。本案系占有物返还纠纷，福特斯公司主张其系讼争供热设施设备的原占有人，因供热中心非法侵占讼争供热设施设备，故提起诉讼。福特斯公司应针对其系讼争供热设施设备的原占有人以及供热中心存在非法侵占行为等事实承担举证责任。

关于讼争供热设施设备的占有，生效法律文书已认定供热中心与华奥公司系委托合同关系，双方在合同履行过程中因华奥公司供热温度不达标而发生争议。为解决用热业主供暖问题，供热中心提起诉讼，请求解除授权委托书并要求华奥公司交付讼争供热设施设备。供热中心于2013年10月实际占有讼争供热设施设备系基于已发生法律效力的先予执行裁定，且天津一中院于2014年2月19日作出的民事判决亦判令华奥公司应向供热中心交付讼争供热设施设备。故供热中心实际占有讼争供热设施设备系依据人民法院作出的生效裁判文书，其占有行为具有合法性，并非违法侵占他人财产。福特斯公司关于供热中心违法侵占讼争供热设

施设备的主张，没有事实依据。

关于福特斯公司是否为讼争供热设施设备的原占有人。首先，福特斯公司提供的证据仅能证实其与华奥公司存在买卖合同关系，而无法证实其确已实际占有的事实。其次，供热中心于2013年10月通过先予执行程序实际占有了讼争供热设施设备。依照福特斯公司与华奥公司之间的约定，福特斯公司此时已取得讼争供热设施设备的所有权、使用权。而福特斯公司在此期间既未就先予执行措施提出异议，亦未针对讼争供热设施设备主张权利，仅是华奥公司为维护其权利于2013年12月向蓟县人民政府提出异议，要求供热中心返还供热设施设备并赔偿损失。福特斯公司与华奥公司的前述行为，既与其主张的《蓟县宝塔路供热站资产买卖合同》的履行等事实存在矛盾，亦有悖常理。故福特斯公司主张其系讼争供热设施设备的原占有人，缺乏事实依据，不能成立。

综上，福特斯公司关于“供热中心返还供热管道及设施、设备的经营权、使用权；如不能返还，由供热中心支付投资损失32840万元”的主张，缺乏事实依据，不能成立。一审法院依照《中华人民共和国物权法》第二百四十五条、《最高人民法院关于适用〈中华人民共和国民事诉讼法〉的解释》第九十条的规定，判决驳回福特斯公司的诉讼请求。案件受理费1665800元，由福特斯公司负担。

## 四、当事人上诉与答辩

福特斯公司上诉称，（1）一审法院认定事实错误。供热中心与华奥公司于2008年11月13日所签订的《补充协议书》六份原件已全部被供热中心收回，2008年11月23日，本案双方当事人与华奥公司签订了新的《补充协议书》。福特斯公司有新的证据证明一审判决认定真实性的相关协议文件已经被废止。福特斯公司基于与华奥公司的合作协议和买卖合同已经取得出资、施工、建设宝塔路供热站的合伙人身份，享有案涉资产共同所有权，在供热中心依据另案先予执行程序占有案涉资产前也已实际占有了该资产。供热中心对其占有的资产没有分文投资，但却占有了福特斯公司数亿元财产。另案相关生效法律文书对供热中心占有供热站资产、设施设备等财产如何依法补偿亦没有认定和处理。（2）一审判决程序违法。华奥公司在本案中，绝不是案外人，一审法院应依职权依法追加华奥公司为第三人参加诉讼。故请求：（1）撤销一审判决，改判支持福特斯公司一审诉讼请求或者将本案发回重审；（2）本案诉讼费用由供热中心负担。

供热中心答辩称，（1）一审法院认定事实清楚，证据确实充分。一审法院基于已经生效的法律文书，确认供热中心对案涉供热设施资产具有合法的占有权，符合法律规定。福特斯公司在另案先予执行程序中既未提出异议，也没有向法院主张权利，亦不能证明其系案涉供热设施设备的合法占有人。华奥公司基于供热中心的委托，从用热单位收取建设费并由此投资形成的本案供热设施设备等资产，并非华奥公司自有资产，其亦无权转让给福特斯公司。（2）一审审判程序合法。华奥公司与本案不存在利害关系，一审法院并未遗漏当事人。故请求驳回上诉，维持原判。

华奥公司陈述意见称，该公司对一审诉讼情况是知情的，一审法院也将华奥公司作为证人。现华奥公司同意福特斯公司的上诉意见，不同意供热中心的答辩意见。

## 五、最高人民法院二审认定与判决

二审期间，福特斯公司提交6组23份新的证据：第一组为福特斯公司、华奥公司与供热中心签订的相关协议及授权委托书等共计五份，其中包括嘉信集团于2015年5月10日出具的证明材料；第二组为一审中未提交、未经质证、应作为定案依据的证据一份，即“应收供热配套费统计表供热协议书”；第三组为本案诉争标的物占有情况的证据共计三份，其中包括鑫泰物业公司诉华奥公司追偿权纠纷一案的诉讼材料；第四组为福特斯公司、华奥公司、供热办、县政府之间往来信函共计三份；第五组为工程审批建设材料共计十份，其中有关函文发送主体均为当地相关行政主管部门与华奥公司；第六组为福特斯公司与华奥公司之间存在共同投资关系的证据一份，即世纪力泰公司与华奥公司签订于2008年9

月19日的《合作协议书》。上述证据中，福特斯公司当庭确认只有嘉信集团出具的证明材料及鑫泰物业公司诉华奥公司追偿权纠纷一案的诉讼材料等两份证据形成于一审程序结束之后。对其他证据未及时提交一审法院的原因，福特斯公司称该公司与华奥公司共管项目时，相关材料交华奥公司保存，后因保管档案的相关人员离职而一直未移交。供热中心认为除两份产生于一审程序之后的证据，其余证据均属于逾期提供的证据，且福特斯公司所持逾期提供的理由不能成立。嘉信集团证明材料的证明内容为，华奥公司（证明材料原载“被告”，综合其整体内容应为华奥公司）与供热办于2008年11月13日及15日签订的补充协议书、授权委托书已经废止。鑫泰物业公司诉华奥公司追偿权纠纷一案的诉讼材料包括鑫泰物业公司民事起诉状，以及蓟县法院向华奥公司制发的应诉通知书、民事诉讼举证通知书、开庭传票等。供热中心对该两份证据质证认为：（1）嘉信集团法定代表人刘某明同时也是华奥公司、福特斯公司的股东，其间存在利害关系。该证明材料缺少单位负责人及制作证明材料人员的签名或盖章的形式要件，内容与本案其他证据材料不符，且文件材料作废与否，不能以一方意见认定；（2）鑫泰物业公司诉华奥公司追偿权纠纷一案的诉讼材料与本案不存在关联性，且不能达到福特斯公司的证明目的。

福特斯公司所提其他证据中，核心的证据有六份：（1）供热办2009年9月10日给华奥公司、世纪力泰公司的复函。内容为“贵公司，华奥公司与我办于2008年11月10日签订《协议书》1份，11月23日签订《补充协议书》1份。世纪力泰公司、华奥公司与我办于2008年11月15日签订《授权委托书》1份、《补充协议书》2份。以上所签协议书共计5份有效。华奥公司与我办于2008年11月13日签订《补充协议书》、11月15日签订《授权委托书》、11月18日签订《补充协议书（二）》等3份协议书三方不再履行”；（2）载明时间为2008年11月23日的《补充协议书》。该协议书与本案一审判决所载供热办与华奥公司于2008年11月13日所签《补充协议书》首页相同，均载明协议当事人为供热办（甲方）、华奥公司（乙方）。第四条内容为“本补充协议书一式六份，甲、乙双方各执两份，由甲方呈报蓟县人民政府两份，经甲、乙双方盖章后生效，补充协议书与协议书具有同等效力”。后者第五条内容为“本补充协议书于2008年11月13日在蓟县供热管理办公室签订（“13”为手写）”。前者第五条内容为“本补充协议书于2008年11月23日在蓟县供热管理办公室签订（“23”为手写，其中“2”有明显修改痕迹）”。前者在第五条后另有如下内容，即“第六条：补充事项：甲方确认世纪力泰公司是乙方建设宝塔路供热站出资、施工的合伙人，持有该供热站资产，为协议书第三方。享有对该供热站的资产处置、受让、利润分红、政府补贴等权益。本协议书第四条废止，经三方盖章确认生效，三方各执一份。（此句另起一段，为加黑字体，世纪力泰公司在该句末尾处加盖了公章）”；（3）华奥公司在首页上方及末页中上方右侧签注“此补充协议书已作废，6份原件已留存蓟县供热管理办公室”字样并加盖公章的“供热办与华奥公司于2008年11月13日所签《补充协议书》”；（4）载明时间为2008年11月15日的授权委托书。该委托书与一审判决所载供热办于2008年11月15日所出具《授权委托书》的首部（委托人供热办，受委托人华奥公司）以及前四条内容相同，但另有第5条约定“世纪力泰公司与受委托人享有同等权利”。该条序号“5”与前四条序号位置相较，明显凸前。世纪力泰公司在该委托书底端加盖公章，打印时间亦为2008年11月15日，但“2008”较之其上部“委托人”下打印时间中“2008”，亦明显凸前。（5）供热办在首页上方及末页下方右侧签注“此协议作废。2008.11.23”字样并加盖公章的2008年11月18日《补充协议书（二）》，该签注及盖章明显为“字压章”；（6）世纪力泰公司与华奥公司签订于2008年9月19日的《合作协议书》。福特斯公司提供上述证据，旨在证明其与华奥公司之间系合作关系，且供热中心知道并认可该事实，一审法院认定真实性的相关证据已经废止，对福特斯公司主张的上述事实未予认定存在错误。供热中心除认为该六份证据不属于新的证据外，还认为：（1）所谓2008年11月23日三方协议并不存在；（2）供热办没有出具过所谓2009年9月10日复函，该函中的公章与供热中心前身供热办的章有差异；（3）相关证据存在变造痕迹；

(4) 供热中心对福特斯公司、华奥公司所谓《合作协议书》并不知情。

二审庭审中，福特斯公司针对有关该公司有无出资建设案涉供热管道及设施设备的证据问题时称，自2008年3月25日到2011年9月29日，其共付款61642000元。福特斯公司一审提交的“世纪力泰公司汇款汇总表”记载，福特斯公司于上述时间段内共向华奥公司汇款25笔，收款人均为华奥公司。2014年11月27日下午，一审法院第二次开庭过程中，福特斯公司在回答“2013.7.28协议（即世纪力泰公司与华奥公司所签《蓟县宝塔路供热站资产买卖合同》）的款项支付情况”问题时称：一开始华奥公司建设本项目供热站时没有钱，向福特斯公司借了款，双方有一个借贷关系，从2008年3月25日到2011年9月29日止，共借给华奥公司本金61642000元；双方约定第一批转让标的物总价款21223万元中包括三部分。第一部分是前述借款61642000元及利息49078525元，第二部分是基于福特斯公司将营业楼转让给华奥公司的转让协议（与本案转让协议无关），华奥公司欠付的37882000元，第三部分是基于双方签订的宝塔路供热站设备改造合同，华奥公司欠付的5680万元及利息13598000元。在该次庭审中，福特斯公司在回答“2013年7月份，你方主张支付过对价和交接，相应标的物的权利应该由谁行使”“先予执行时向法院提异议了吗”的问题时，述称“原告（即福特斯公司）”“我们向华奥公司提出过异议，没有以我公司的名义提出”。另据一审卷宗及一审法院2014年11月18日上午第一次庭审笔录记载，福特斯公司二审主张已经作废的华奥公司与供热办于2008年11月13日签订《补充协议书》、2008年11月15日《授权委托书》均系该公司提交一审法院的证据。福特斯公司在一审期间向一审法院提交天津市蓟县人民政府办公室2013年6月19日发给华奥公司的《关于天津市华奥供热有限责任公司请示出让宝塔路供热站的复函》一份，该函主要内容为：华奥公司与2013年6月1日递交关于整体出让宝塔路供热站的请示，望政府予以支持并协调联系有关竞买人；宝塔路供热站的转让由县政府主导，请华奥公司尽快提供整体转让的相关材料，政府组织有关部门全力配合相关事宜，审核竞买人资质及履约能力。2014年11月27日下午，一审法院第二次开庭过程中，一审法院询问福特斯公司“政府强调转让可以，但是必须履行一个程序。你方在签订转让协议（即2013年7月28日，世纪力泰公司与华奥公司所签《蓟县宝塔路供热站资产买卖合同》）时，是否履行了该程序”，福特斯公司回答“不清楚”。

二审庭审中，法院就“2013年12月2日，华奥公司向蓟县人民政府报送《关于供热中心支付、收购宝塔路供热站资产转让金的请示》时，华奥公司与福特斯公司之间的买卖合同是否已经履行完毕”问题询问福特斯公司，福特斯公司与华奥公司均称“买卖合同在2013年7月成立了，已经履行完毕了。”对在买卖合同履行完毕的情况下，为何是华奥公司向蓟县政府报送请示问题，福特斯公司称“供热站包括站内和站外管网，华奥公司出售的是站外的管网，华奥主张的是站内的部分，就把我们站外的管网一并主张了。”华奥公司亦确认福特斯公司所述内容。

二审庭审中，供热中心提供蓟县法院（2013）蓟民二初字第710号民事案件卷宗材料（节选），旨在证明华奥公司在与服务中心相关诉讼过程中提交的证据材料表明，《补充协议书》及《授权委托书》只存在两方当事人，不涉及福特斯公司。经查，蓟县法院（2013）蓟民二初字第710号判决书载明载明上述证据系供热中心提交。该判决书载明，对该等证据，华奥公司称，“供热中心的诉讼请求没有事实理由和法律依据，不同意供热中心的诉讼请求。理由如下：（1）供热中心为华奥公司出具的授权委托书不具备解除条件，供热中心不能擅自解除；……”

二审庭审中，福特斯公司在回答“买卖合同价款如何支付”的问题时述称，买卖合同实际是对以前的结算，是福特斯公司的投资和利益，以及福特斯公司的一个营业楼，还有就是福特斯公司对案涉项目进行维护。针对所主张32840万元投资损失的计算依据问题，福特斯公司述称，是根据买卖合同和评估报告，就是投资和预期的价格。

嘉信集团企业法人营业执照副本显示，该公司法定代表人为刘某明。在二审法院已经通知华奥公司参加本案诉讼的情况下，福特斯公司二审当庭表示不再坚持原审遗漏当事人的上诉理由。

各方当事人对一审法院查明案件事实的真实性均表示没有异议，二审法院确认一审法院查明的案件事实。

二审法院认为，本案二审争议焦点为：（1）供热中心应否返还案涉供热管道及设施设备的经营权、使用权；（2）供热中心应否赔偿福特斯公司投资损失32840万元。

1. 关于供热中心应否返还案涉供热管道及设施设备的经营权、使用权的问题

针对福特斯公司二审所提交相关证据，最高人民法院认为，嘉信集团于2015年5月10日出具的证明材料及鑫泰物业公司诉华奥公司追偿权纠纷一案的诉讼材料形成于一审程序结束之后，从形式上看，属于二审程序中的新的证据。福特斯公司提交鑫泰物业公司诉华奥公司追偿权纠纷一案的诉讼材料，旨在证明鑫泰物业公司现为本案标的物的使用人和经营者，该证明目的系为说明本案应追加鑫泰物业公司为本案被告一节。最高人民法院（2015）民一终字第105-1号民事裁定认定，鑫泰物业公司实际占有使用案涉供热设施系根据供热中心的指示，从占有类型看，属他主占有和辅助占有，其占有状态能否持续，依赖于供热中心的授权意思。据此，鑫泰物业公司并非必须参加本案诉讼的必要共同诉讼人。于此情况下，在对本案当事人诉争实体权利义务的认定和处理过程中，该证据不具有证明力。《中华人民共和国民事诉讼法》第六十五条第二款规定，当事人逾期提供证据的，人民法院应当责令其说明理由；拒不说明理由或者理由不成立的，人民法院根据不同情形可以不予采纳该证据，或者采纳该证据但予以训诫、罚款。《最高人民法院关于适用〈中华人民共和国民事诉讼法〉的解释》第一百零一条、第一百零二条第一款规定，当事人逾期提供证据的，人民法院应当责令其说明理由，必要时可以要求其提供相应的证据。当事人因客观原因逾期提供证据，或者对方当事人对逾期提供证据未提出异议的，视为未逾期。当事人因故意或者重大过失逾期提供的证据，人民法院不予采纳。但该证据与案件基本事实有关的，人民法院应当采纳，并依照《民事诉讼法》第六十五条、第一百一十五条第一款的规定予以训诫、罚款。最高人民法院认为，即使福特斯公司所述逾期提供证据的事由属实，但该情形显然不属于“客观原

因”。此外，当事人之间重要协议文件的废止显属本案争议的极端重要事项，即便因交接问题未能如期提交相关证据，福特斯公司（包括自称以证人身份“参与”一审诉讼的华奥公司）在一审期间均未向一审法院提及该重要事实，亦使得福特斯公司二审所述逾期提交理由欠缺起码的合理性。依照上述规定，由于福特斯公司对逾期提供该等证据所述之理由并不属于因客观原因所致，其理由也明显不能成立，故应认定其逾期提供构成重大过失，故对相关证据均应不予采信。但根据有关证据与案件基本事实的关系，也可就前述六份证据以及嘉信集团于2015年5月10日出具的证明材料分别作出认定。

从福特斯公司在本案一、二审过程中所持诉讼理由看，其提出该诉讼请求的基础在于，其已经享有案涉供热管道及设施设备的所有权并在供热中心基于另案先予执行程序取得“占有”之前即已实现了“占有”。福特斯公司认为其已享有案涉供热管道及设施设备的所有权的主要依据是，其于2008年9月19日、2013年7月28日与华奥公司签订并履行了合作协议书及买卖合同。案涉供热管道及设施设备并非一般的民事交易标的物，具有一定的区域规划性和社会公益性。在福特斯公司确认真实性的供热办与华奥公司2008年11月10日所签《协议书中》以及相关《授权委托书》中，双方当事人对标的物所有权问题并未作出明确约定，但从其中均明确载明华奥公司享有的负责宝塔路供热站的建设维修、运行、经营管理及供热收费等权利内容看，得不出华奥公司据此取得案涉供热管道及设施设备所有权的结论。依福特斯公司所述，其与华奥公司签订并履行了合作协议及买卖合同，但在福特斯公司能否取得案涉供热管道及设施设备所有权问题上，应作不能超越华奥公司所享有权利边界的解释。《中华人民共和国物权法》第三十条规定，因合法建造等事实行为设立物权的，自事实行为成就时发生效力。具体到本案，该条规定所称“合法建造”之事实行为，应依有关行政主管部门审批而定。本案中，福特斯公司并未就其所称投资建设系根据当地相关政府职能部门批准所为的证据。福特斯公司在二审中虽然主张其在2008年3月25日至2011年9月29日期间投入61642000元用于建设案涉供热管道及设施设备，但所举证据既不能证明所付款项的性质，且该主张亦与一审期间其对该款项性质所作陈述存在重大出入。福特斯公司认为其与华奥公司签订并已履行了买卖合同，其对讼争标的物享有权利，但在蓟县法院先予执行过程中，其并未提出异议。不仅如此，在前述买卖合同已经履行完毕且其认为对讼争标的物享有权利的情况下，向蓟县人民政府报送《关于供热中心支付、收购宝塔路供热站资产转让金的请示》的主体仍然为华奥公司。由此，福特斯公司所持其为案涉供热管道及设施设备所有权人的主张，亦欠缺其行使所有权人权利的相关事实依据。前述福特斯公司二审提交的证据1-5中，证据2、4、5，在形式上存在明显瑕疵，而证据3中标记作废的签字盖章仅为华奥公司。除此以外，福特斯公司上诉认为，供热中心与华奥公司所签3008年11月13日《补充协议书》已经作废，六份协议原件均已被收回。在此情况下，若其所称2008年11月23日“三方补充协议”真实存在，该协议应为各方当事人重新订立。本案福特斯公司提交的该三方协议表明，各方当事人保留了已经作废协议的形式和内容，协议当事人部分仍为供热中心、华奥公司而非三方，本可直接修改的内容反采保留原表述但特别标注增加、废止的方式处理。前述证据1-5均系华奥公司、福特斯公司持有，在供热中心与华奥公司在蓟县法院相关诉讼过程中，华奥公司的观点却是认为约束其与供热中心的《授权委托书》不能解除。由是，福特斯公司二审所提前述证据1的内容缺乏其他证据相互印证，且该证据中对有关协议签约主体的表述亦与本案相关协议文件所载内容不符。在此情况下，依据该等证据，根本无法认定福特斯公司所主张的供热中心明知并认可福特斯公司与华奥公司之间存在合作、合伙关系，福特斯公司自身一审所提相关书证已经作废的事实成立。对该等证据，难予采信。关于福特斯公司所提证据6，根据本案现已查明的案件事实，即便该协议真实存在，亦应认定其仅在华奥公司、福特斯公司之间具有约束力。嘉信集团同本案相关当事人存在或者曾经存在关联关系，其所出具的证明材料不能单独作为认定本案事实的证据，且该材料所载内容同样缺乏其他证据相互印证。综上，最高人民法院认定福特斯公司所持其基于投资建设而对案涉供热管道及设施设备享有的，作为请求供热中心返还相关资产经营权、使用权之权利基础并不存在。

关于福特斯公司所称其在供热中心基于另案先予执行程序取得“占有”之前即已实现“占有”的问题。2013年9月29日，蓟县法院作出(2013)蓟民二初字第710号民事裁定，裁定华奥公司向供热中心交付宝塔路供热站供热设施。福特斯公司既未就先予执行措施提出异议，亦未针对讼争供热设施设备主张权利，仅是华奥公司于2013年12月2日向蓟县人民政府提出异议，要求供热中心返还供热设施设备并赔偿损失。在供热中心系依据生效裁定合法占有案涉供热管道及设施设备，且福特斯公司没有提供充分证据证明其已实现占有的情况下，对福特斯公司前述主张，不予采信。

证明标准是负担证明责任的人提供证据证明其所主张法律事实所要达到的证明程度。按照《最高人民法院关于适用〈中华人民共和国民事诉讼法〉的解释》第一百零八条规定，福特斯公司之举证应当在证明力上足以使人民法院确信其所主张的待证事实之存在具有高度可能性。而在本案中，福特斯公司的举证，远未达到高度可能性证明标准的要求。综上，对福特斯公司要求供热中心返还案涉供热管道及设施设备的经营权、使用权的上诉请求，不予支持。

2. 关于供热中心应否赔偿福特斯公司投资损失32840万元的问题

福特斯公司此项上诉请求以供热中心应当返还案涉供热管道及设施设备的经营权、使用权为基础，如果不能返还，福特斯公司认为供热中心应承担相应赔偿责任。福特斯公司与供热中心之间并不存在合同关系，而如前所述，供热中心也不对福特斯公司负有返还案涉供热管道及设施设备的经营权、使用权的民事责任，据此，福特斯公司此项上诉请求的基础已不存在。退而言之，从福特斯公司有关其与华奥公司之间买卖合同价款支付以及该32840万元投资损失的具体构成看，即便供热中心负有前述返还义务，福特斯公司要求供热中心赔偿投资损失32840万元亦缺乏充分的事实及法律依据。蓟县法院（2013）蓟民二初字第710号民事案件中，虽未对相关资产补偿问题作出认定处理，但其原因在于此事项非属该案审理范围。相关当事人如对此存有争议，可另循法律途径解决。

综上所述，福特斯公司的上诉请求缺乏事实及法律依据，不予支持。一审判决认定事实清楚、适用法律正确，予以维持。最高人民法院依照《中华人民共和国民事诉讼法》第一百七十条第一款第一项之规定，判决：驳回上诉，维持原判。一审、二审案件受理费各 1665800 元，共计 3331600 元由福特斯公司负担。

## 六、最高人民法院民一庭裁判观点

本案从二审案件审理的角度看，重点在于查明和认定事实，这是由于当事人在二审中提交的主要证据均与一审中提交的证据发生了重大变化造成的。但从本案反映的法律适用问题看，主要是对于当事人提出占有物返还及损害赔偿请求时，应当如何对其诉请应否予以支持作出判断。

《物权法》第二百四十五条规定，占有的不动产或者动产被侵占的，占有人有权请求返还原物；对妨害占有的行为，占有人有权请求排除妨害或者消除危险；因侵占或者妨害造成损害的，占有人有权请求损害赔偿。根据该条法律规定，占有人对于占有受到的侵害，依法享有保护请求权，具体包括返还原物、排除妨害、消除危险和损害赔偿等。请求返还原物，应当具备三方面的条件：一是请求权主体是原占有人；二是现占有人具有侵占的行为或事实；三是侵占行为具有违法性。具体到案件审理中，作为提出占有物返还诉请的福特斯公司，应当承担举证证明上述事实的责任。本案中，由于供热中心现实取得了对案涉供热设备等的占有、管领，该事实各方当事人并无争议，因而可以认为福特斯公司相应免除了一定的举证证明责任。但就其系原占有人和供热中心非法侵占占有物的事实，福特斯公司仍需负担相应的举证责任。

关于原占有人的认定问题。请求返还原物的当事人，应当首先就其在物被侵占前享有对物事实上的管领等举证证明。需要明确的是，无论从传统民法理论还是物权法规定措辞上看，均没有将占有物返还请求权的行使主体，限定在合法占有人范围。这是因为，占有保护请求权是对占有事实的法律保护，旨在回复或维持占有的事实状态。因而应当认为，此时请求返还原物的当事人，仅需证明原占有之事实，而无须就原占有系合法、有权、善意占有等予以举证证明。因为占有保护请求权无关占有事实背后的本权。相反，对于物享有一定合法权利的人，却可能因并不享有对物的占有，而无法主张占有物的原物返还，比如质押物的出质人。本案中，福特斯公司向供热中心提出占有物返还请求，应当首先证明其在供热中心取得对案涉标的物的占有之前，系物的原占有人。但从举证情况看，对于其曾经实际取得了对案涉标的物的占有、管理等事实，福特斯公司的举证明显不足，其是将举证的重点，放到了是否“有权”而非是否“占有”上，可以说是本末倒置。仅此一点，就使得法院不能认定其具有要求供热中心返还占有物的请求权基础。

关于违法侵占占有物的事实认定问题。对于非法侵占占有物的事实认定，应当主要审查两方面的事实：一是占有被侵占是否基于原占有人的意思；二是侵占行为是否具有违法性。原占有人是否同意新占有人取得占有，在理论上通常要求直接占有人在侵占发生同时表达将物交由新占有人占有，方可认定为基于其意思的占有。我国物权法在制定过程中，将审议稿中的“侵夺”改为“侵占”，从文义解释上看，突破了传统民法理论对占有之积极侵害的要求，将对占有之保护范畴，扩大到了包括消极侵害在内。不过，在本案中对于非基于原占有人之意思的事实，当事人之间并不存在争议，因为没有证据显示福特斯公司或华奥公司，有主动将案涉供热设备等交付给供热中心的意思表示。本案的另一个关键事实是，供热中心对于案涉供热设备取得占有，系根据人民法院另案生效裁判，这成为排除侵占违法性的主要事实依据。理论通说认为，侵害占有存在违法阻却事由，正当防卫、容忍义务、法院裁判的执行等，均在此列。这是因为，法律对占有人基于占有事实的权利保护，其主要价值在于对法律秩序的维护，而当这种占有状态的改变，具有法定事由或经由合法程序时，对原占有状态之保持即告丧失意义。虽然本案中，华奥公司与供热中心之间关于相关供热设备资产由供热中心取回后，相应补偿问题受当事人诉讼请求范围限制，并未经法院审查处理，但该事项并不属于本案的审理范围。本案所能作出的认定，只能是供热中心系依据已生效的先予执行裁定，实际接收占有案涉供热设备的事实，该事实即排除了供热中心占有之违法性。

由于福特斯公司未能举证证明其系案涉标的物的原占有人，亦有充分证据排除供热中心占有之违法性，福特斯公司要求返还占有物之诉请，自然不能得到支持。本案的另一问题是福特斯公司提出的损害赔偿请求应否予以支持。从福特斯公司诉讼请求的措辞上看，其要求“如不能返还（供热设备），供热中心向福特斯公司支付投资损失 32840 万元”，也就是说，福特斯公司此项请求的基础仍然是返还占有物，损失仅是占有物不能返还时的替代物。从这个角度看，既然福特斯公司返还占有物原物的请求不应得到支持，则该损失赔偿请求亦不应得到支持自不待言。而如果认为福特斯公司此项损失赔偿请求，属于《物权法》第二百四十五条规定的“损害赔偿”，则还可以进一步分析其该请求是否应当得到支持。无论从占有的法学理论还是物权法的上述规定上看，侵害占有的损害赔偿，是一种侵权损害赔偿，因而作为主张赔偿的一方当事人，应当举证证明侵害行为、违法性、因果关系、损害事实的存在，而且能够获得赔偿的原占有人范围小于可以主张占有物原物返还的范围，仅限于善意、有权占有人。这主要是因为，作为侵权损害赔偿，法律仅对具有合法权益的原占有人的占有利益损失予以保护，对于恶意占有人的占有利益，因其本身没有合法性，因而不能通过损害赔偿的方式获得保护。本案中，福特斯公司即使主张侵害占有的损害赔偿，仍需面对举证证明其系合法、善意原占有人，供热中心存在违法侵害行为并因此给福特斯公司造成相应损失等。而按照《民事诉讼法司法解释》第一百零八条所规定的证明标准，应当认为福特斯公司未完成其举证证明责任，因而对其该项诉讼请求亦不应予以支持。

## 【新旧法律依据对照】

| 旧法 | 新法 | 关联司法解释 |
| --- | --- | --- |
| **《物权法》**<br>**第三十条**<br>因合法建造、拆除房屋等事实行为设立或者消灭物权的，自事实行为成就时发生效力。 | **《民法典》**<br>**第二百三十一条**<br>因合法建造、拆除房屋等事实行为设立或者消灭物权的，自事实行为成就时发生效力。 | **《民法典物权编司法解释（一）》**<br>**第八条**<br>依据民法典第二百二十九条至第二百三十一条规定享有物权，但尚未完成动产交付或者不动产登记的权利人，依据民法典第二百三十五条至第二百三十八条的规定，请求保护其物权的，应予支持。 |
| **《物权法》**<br>**第二百四十五条**<br>占有的不动产或者动产被侵占的，占有人有权请求返还原物；对妨害占有的行为，占有人有权请求排除妨害或者消除危险；因侵占或者妨害造成损害的，占有人有权请求损害赔偿。<br>占有人返还原物的请求权，自侵占发生之日起一年内未行使的，该请求权消灭。 | **《民法典》**<br>**第四百六十二条**<br>占有的不动产或者动产被侵占的，占有人有权请求返还原物；对妨害占有的行为，占有人有权请求排除妨害或者消除危险；因侵占或者妨害造成损害的，占有人有权依法请求损害赔偿。<br>占有人返还原物的请求权，自侵占发生之日起一年内未行使的，该请求权消灭。 | |

# 【法律适用指引】

## 法律适用指引一

### 占有保护请求权

（一）占有返还请求权

占有返还请求权发生于占有物被侵占的情形。所谓侵占，是指违反占有人的意思而排除其对物事实上的控制与支配。例如盗窃、抢夺他人物品，未经许可占有他人房产等，包括积极的不法行为和消极的不法行为。[①]

行使占有返还请求权应具备下列条件：一是请求权的主体应为原占有人，请求权的相对人应为现占有人，此处的原占有人是指侵占发生前对物享有事实上管领力的占有人。无论原占有人是有权占有还是无权占有，占有人系善意还是恶意，均享有占有物返还请求权。非占有人，即使对物享有本权，也不能行使此项请求权。例如，出租合同期限届满后，出租人请求返还租赁物系行使所有物返还请求权，而不是占有返还请求权。出卖不动产的人将不动产交付买家后，在未办理不动产登记之前，不动产被第三人侵占，出卖人不能行使占有返还请求权，因其已经不是占有人。二是须有侵占行为或事实，且侵占行为的结果导致原占有人丧失占有。此时原占有人应证明原占有事实。非因他人的侵占而丧失占有的，如因受欺诈或者胁迫而交付的，不享有占有物返还请求权。此种情形下，原占有人要回复占有必须依法律行为的规定，主张撤销已经成立的法律关系去解决。占有物返还请求权的要件之一为，侵占人的行为必须是造成占有人丧失占有的直接原因。例如，遗失物拾得人未将遗失物交送有关机关而据为己有，此种侵占非《民法典》第四百六十二条所规

① 最高人民法院物权法研究小组编著：《〈中华人民共和国物权法〉条文理解与适用》，人民法院出版社2007年版，第710页。

定的情形。拾得人将遗失物据为己有，并非失主丧失占有的直接原因。失主最初丧失对物的占有可能是由于疏忽大意。因此，失主对于拾得人不得以占有返还请求权为据提起诉讼。而应依其所有权人的地位提请返还原物请求权。[①] 三是侵占行为具有违法性。占有应受保护，侵害占有，除有违法阻却事由外，均具有违法性。阻却违法性的事由有：正当防卫、法院的执行、相邻关系的容忍义务等。对物享有债权或者物权并不足以阻却违法性。例如，买卖合同中，出卖人未交付标的物时，买受人私自取走具有违法性。房屋租赁合同期满后，租赁人未返还租赁房屋时，出租人私自将承租人的物品搬出亦属违法。[②]

（二）停止侵害、排除妨碍请求权和消除危险请求权

所谓妨害占有，是指非侵夺占有而妨害占有人管领其物，致其使用可能性及利益遭受侵害。例如，在他人的停车位放置物品，影响他人对停车位的使用。其与侵占的区别是，前者表现为占有人对占有物事实上的控制与支配不能完全实现，但并没有丧失占有；后者则表现为占有人对占有物的控制与支配已经完全或部分丧失。[③]

1. 停止侵害请求权。占有被他人妨害时，占有人有权要求妨害占有的人不实施妨害占有的行为。停止侵害的责任形式能够及时制止侵害，防止侵害后果扩大。行使该请求权以妨害占有正在进行或者仍在延续为条件，不适用未发生或者已经终止的妨害占有行为。根据占有人的请求，法院可以根据具体情况，发布停止侵害令或者在判决中责令妨害占有的人停止侵害。

2. 排除妨碍请求权。占有被他人妨害时，占有人得请求妨害人除去妨害。妨害除去请求权的相对人，为妨害占有的人。数人相继为妨害的，以现为妨害的人为请求权的相对人。排除妨害的费用应由妨害人负担。占有人自行除去妨害的，其费用可依无因管理的规定向相对人请求

---

① 胡康生主编：《中华人民共和国物权法释义》，法律出版社 2007 年版，第 520~521 页。

② 王泽鉴：《民法物权（第 2 册）》，中国政法大学出版社 2010 年版，第 344 页。

③ 最高人民法院物权法研究小组编著：《〈中华人民共和国物权法〉条文理解与适用》，人民法院出版社 2007 年版，第 710 页。

偿还。[1]

3. 消除危险请求权。消除危险请求权中的危险，应为具体的危险，指能够使外界感知到对占有的妨害。例如，违反建筑规则建设高危建筑、接近邻地开掘地窖等而产生对邻地的危险，倾斜的房屋墙壁对邻居房产造成的危险。占有人主张消除危险请求权应符合两个要件：一是危险消除请求权中的危险持续存在，请求权行使之时，危险已经消失的不得请求消除。二是有客观的产生危险的事实，被请求人有无故意或者过失，法律在所不问。消除危险的费用同样由造成危险的人承担。

停止侵害、排除妨碍请求权与消除危险请求权的主要区别是，前两者是妨害已经发生，后者妨害虽未发生但是存在发生的现实危险。

（三）占有保护请求权与物权请求权的区别

第一，请求权基础不同。物权请求权是基于物权的绝对性、支配性、排他性而衍生出来的一种防卫性请求权，其请求权基础为确定的所有权或他物权。占有保护请求权的基础是占有事实，而非确定的权利，是法律特别赋予占有人的救济性权利。第二，功能不同。物权请求权的功能表现为物权圆满状态的恢复，物权效力得到维护。而占有保护请求权的功能仅仅在于恢复占有人对物的占有，使物的现时占有人能继续保持其占有状态，维护社会和平稳定的秩序。第三，举证责任不同。物权人基于正当权源而主张物权请求权，必须举证证明其享有相应的实体权利。占有保护请求权仅需占有人举证证明原本有占有的事实即可，不问其是否具有正当权源。[2]

---

**法律适用指引二**

损害赔偿请求权

---

损害赔偿请求权属于债权保护方法，占有受到侵占或者妨害，造成

① 胡康生主编：《中华人民共和国物权法释义》，法律出版社 2007 年版，第 521 页。

② 最高人民法院物权法研究小组编著：《〈中华人民共和国物权法〉条文理解与适用》，人民法院出版社 2007 年版，第 711 页。

占有人的财产利益损失，成立侵权行为，占有人产生侵权损害赔偿的请求权。占有虽非一种权利，但也属于法律所保护的一种财产利益，不受他人非法的任意侵害，侵害占有的应负侵权的损害赔偿责任。

（一）占有损害赔偿请求权的赔偿范围

因侵占或者妨害造成损害的，应理解为对占有利益的损害。侵害占有可能发生的损害主要有：（1）占有使用收益的损害，即占有人不能使用收益占有物而生的损害。例如，车位被侵夺致不能停车而额外支付的停车费，房屋被霸占致不能居住而额外支付的租金，汽车被盗致不能运货而额外支付的租车费等。若本权人以强力自占有人处取回占有物，则占有人可以向本权人请求使用期限内收益的损害赔偿。侵害占有导致占有人无法收取其本应取得的占有物孳息时，侵害人应予赔偿。（2）支出费用的损害，即占有人对占有物支出的费用，本可向物的权利人请求偿还，却因该物被侵夺而毁损灭失不能求偿。（3）责任损害，即占有人因占有物被第三人侵夺发生毁损灭失后，产生对物的权利人的损害赔偿责任。①

（二）侵害占有损害赔偿请求权与侵害物权损害赔偿请求权的主要区别

第一，二者行使权利的终局性不同。侵害占有损害赔偿请求权的行使结果并不一定具有终局性，可能尚需向本权人返还取得的赔偿金。但侵害物权损害赔偿请求权的行使结果直接归属物权人，具有终局性。第二，二者承担责任的范围不同。侵害占有损害赔偿责任的范围包括占有人未能使用占有物而丧失的收益、支出费用的损害、责任损失及所丧失物的孳息等类型；而侵害物权损害赔偿的范围一般指侵害物权所造成的直接损失，通常按照损失发生时的市场价格计算。②

（三）侵害占有损害赔偿请求权的成立要件是否包括过错

对此有两种观点。一种观点认为，侵害人只要实施了《民法典》第

① 胡康生主编：《中华人民共和国物权法释义》，法律出版社2007年版，第521页。

② 单平基：《侵害占有损害赔偿请求权的解释论———〈物权法〉第245条第1款的规范适用》，载《山东社会科学》2016年第5期。

四百六十二条所禁止的侵害行为，即应承担相应的责任，法律不问其是否具有过失，也不问其对被占有的不动产或者动产是否享有权利。[①] 另一种观点认为，侵害占有的责任应当适用侵权法的一般归责原则，即过错责任原则。因此，占有人请求赔偿的前提之一是行为人必须具有过错。[②]

我们认为第二种观点具有合理性。主要理由是：一是过错是行为人应受谴责的心理状态，除非法律明确规定行为人承担无过错责任，过错是侵权责任成立的要件之一。二是占有损害赔偿权和占有保护请求权的价值取向不同，占有保护请求权旨在维护和平，占有损害赔偿请求权则在维护正义。具体说来，前者目的是基于“私力禁止”的原理，保护占有事实所体现的作为和平秩序的社会利益，恢复占有的圆满状态，是一种“状态责任”，而不是“行为责任”。只要占有状态被破坏（侵占或妨害），甚至仅有被破坏的危险，占有人即可行使占有保护请求权。损害赔偿请求权，其保护对象是由占有所体现的合法的个人物质利益，其目的是按照正义（矫正正义）的要求填补占有人因占有被侵夺或妨害而产生的不利益。该项损失的填补涉及受害人的权益保护与尊重行为人的自由之间的平衡，需要以侵占者或妨害者的过错为要件，确保在维护权利人的合法利益的同时，不对行为人的自由造成过分的限制。[③]

## 法律适用指引三

### 占有人返还原物请求权的行使期间

《民法典》第四百六十二条第二款规定了占有保护请求权中的返还原物请求权的行使时间，自侵占发生之日起 1 年内未行使的，该请求权消灭。对该规定的理解应注意如下问题：

（一）该期间仅适用于占有人返还原物请求权

占有保护请求权中的排除妨害请求权和消除危险请求权，原则上同

① 胡康生主编：《中华人民共和国物权法释义》，法律出版社 2007 年版，第 520 页。
② 王利明：《物权法研究》（下卷），中国人民大学出版社 2016 年版，第 1509 页。
③ 卜祥洪：《论占有损害赔偿的请求权基础与范围》，载《当代法学》2011 年第 4 期。

妨害或者危险的持续状态紧密相连。如果妨害已经消失或者危险已经不存在，则无行使排除妨害或者消除危险请求权之必要；如果妨害或者危险持续发生，那么此项排除妨害或者消除危险的请求权自然不受行使期间限制。

（二）该期间属于除斥期间

占有人返还原物请求权在一定期间内不行使而消灭，有些国家和地区如德国、瑞士、日本及我国台湾地区，大多规定此项期间为 1 年，有的规定为消灭时效，有的规定为除斥期间。关于该期间的法律性质，理论上有诉讼时效说和除斥期间说的分歧。还有的学者认为是权利失效期间，因为其对象为请求权，而非形成权。①

我们认为，解释为除斥期间更为适当。第一，该期间的起算是“自侵占发生之日起”，该起算点是一个客观时点，这与除斥期间相同而与诉讼时效相异，诉讼时效自当事人知道或者应当知道权利被侵害之时起算，其起算点是主观时点。第二，《民法典》第四百六十二条规定，1 年期间经过后“请求权消灭”，诉讼时效完成以后，当事人所享有的实体法上的请求权并不消灭。第三，从设立占有保护制度的目的和社会功能看，此处的 1 年期间应解释为除斥期间，不能中断、中止或者延长，以求简便高效。诉讼时效可中断或者中止，而且它以受侵害人知道或者应当知道受侵害之时开始起算，此项期间可能远比 1 年要长，将使权利长期处于不稳定的状态。第四，请求权适用除斥期间并不存在制度性、构造性障碍，现代民法已放弃了就除斥期间适用何种权利作统一规定与解释之实践。第五，占有物返还请求权因除斥期间经过而未行使的，占有人如果对物享有其他实体权利（例如物权等），可以依照其实体权利提出返还请求，无需在《民法典》第四百六十二条中规定更长的期间进行保护。②

---

① 崔建远：《物权法》，中国人民大学出版社 2017 年版，第 171 页。

② 章正璋：《占有保护解释论的三个争议问题》，载《比较法研究》2016 年第 2 期；胡康生主编：《中华人民共和国物权法释义》，法律出版社 2007 年版，第 522 页。

## 法律适用指引四

区分占有保护与对合法占有的保护

占有保护请求权的运作机理是不问占有背后有无占有本权存在，直接对占有事实提供法律保护，意在回复或维持占有的事实状态，进而维护物上的社会和平秩序。占有保护仅和事实上的物之支配相联系，在于维护法律秩序，与占有人是否有权占有无关。《民法典》第四百六十二条体现了设立占有制度的目的及占有保护的是事实，而不是权利，体现了占有保护不问占有权源的大原则。①

## 法律适用指引五

占有之诉与本权之诉发生竞合

有权占有情形下，若占有的本权是物权，侵害占有与侵害物权的请求权发生竞合，请求权人既可以提起物权请求权之诉，也可以提起占有保护之诉。司法实践中，法院对于受害人于本权之诉败诉以后，又依据占有保护请求权提起的占有诉讼并不排斥，对于符合占有保护构成要件的诉求，仍然给予占有保护，不适用一事不再理的规定。本权保护与占有保护具有不同的立法功能和构成要件，二者无法相互替代，是互补而非排斥的关系。②

① 最高人民法院物权法研究小组编著：《〈中华人民共和国物权法〉条文理解与适用》，人民法院出版社2007年版，第711页。

② 章正璋：《我国民法上的占有保护——基于人民法院占有保护案例的实证分析》，载《法学研究》2014年第3期。

---

### 法律适用指引六

本权之诉与占有之诉对立

---

即所有权人对占有人提起物权请求权之诉，而占有人同时对所有权人提起占有保护请求权之诉，例如租赁期限届满，承租人不返还租赁物时，出租人强行取回，此时若占有不能受到保护，无疑肯定所有权人可以违反法律规定的方式取回其所有物，与禁止私力救济的原则不符，但如保护占有人而不保护所有人，则又有忽视物的法律秩序之嫌。此种情况可合并审理本权之诉与占有之诉。本权人给占有人造成损害的，应当承担赔偿责任，占有人给本权人造成损害的，应予以赔偿，最终应依据占有人与本权人之间的法律关系确定物的归属。即法律上的权利义务关系，而非事实上的支配关系将起决定性作用。法律在维护秩序和保护权利之间实现其价值目标的平衡。①

---

### 法律适用指引七

无权占有人能否行使占有损害赔偿请求权

---

对此，存在不同的观点：第一种观点认为，民法关于占有的保护是为了维持和平的秩序，无权占有人（包括恶意占有人）也可以主张损害赔偿请求权。第二种观点认为，侵害占有的赔偿责任，仅适用于有权占有，侵害无权占有（包括善意占有）时，占有人不能请求损害赔偿。第三种观点认为，可以行使占有损害赔偿请求权的主体仅限于有权占有人和善意占有人，恶意占有人不享有此项权利。

我国《民法典》虽未规定善意占有人的收益权，但是善意占有人对权利人有必要费用的求偿权，对因使用造成占有物的损害无需承担赔偿

① 最高人民法院物权法研究小组编著：《〈中华人民共和国物权法〉条文理解与适用》，人民法院出版社2007年版，第712页。

责任，说明其可以使用占有物。侵害占有的行为会导致善意占有人的财产权益受损，其可以行使损害赔偿请求权。恶意占有人对占有物没有任何权益，其行使损害赔偿请求权，缺乏权益基础，故恶意占有人不能行使占有损害赔偿请求权。

# 附录　最高人民法院典型案例

# 王某荣与何某云、王某胜等农村土地承包经营权纠纷案

《最高人民法院公布第二批保障民生典型案例》第1号

2014年3月19日

**【基本案情】**

2007年10月30日，吉林省白城市洮北区农村土地承包仲裁委员会作出裁决：王某荣对王某学所种土地享有承包经营权。一审原告王某学遂向洮北区人民法院请求：1. 确认三跃村村委会与王某学签订的土地承包经营合同有效；2. 确认王某荣对王某学承包的土地无承包经营权。王某荣答辩称其在王某学承包的土地中享有五分之一的承包经营权。王某荣1975年1月25日结婚，由于其丈夫是军人，故户口仍在王某学家。1982年，三跃村发包土地时，王某荣与王某学一家系同一家庭成员，5口人承包5.4亩地，人均1.08亩，承包户户主为王某学。王某荣的户口于1992年1月迁入白城市并转为非农业户口。1997年第二轮土地承包时，王某学家承包4.82亩土地，并于2005年取得《农村土地承包经营权证》，共有人没有记载王某荣。

王某学于2010年10月死亡，被申请人由王某学变更为其妻何某云、其子王某东、王某胜。

一审法院判决：1. 王某学与村委会签订的土地承包合同有效；2. 王某荣对王某学承包的土地不享有1.08亩承包经营权。白城市中级人民法院二审判决：驳回王某荣的上诉，维持原判。白城市中级人民法院再审后判决：1. 撤销二审判决和一审判决第二项；2. 维持一审判决第一项。2009年12月吉林高院裁定驳回王某荣的再审申请。2012年6月吉林高院提审后判决：1. 撤销一、二审判决及原再审民事判决；2. 驳回王某学的诉讼请求。

【裁判结果】

最高人民法院提审认为，王某荣作为城市居民，在二轮土地延包中不享有土地承包经营权。第一，王某荣于 1992 年 1 月将户口从王某学家迁至白城市新立派出所辖区内落户。《农村土地承包法》第二十六条第三款之规定："承包期内，全家迁入设区的市，转为非农业户口的，应当将承包的耕地和草地交回发包方。承包方不交回的，发包方可以收回承包的耕地和草地。"可见迁入设区的市、转为非农业户口，是丧失农村土地承包经营权的条件。由于目前我国法律没有对农村居民个人丧失土地承包经营权的条件作出明确具体的规定，因此，只能比照法律中最相类似的条款进行认定，上述规定应当成为认定在第二轮土地承包中，王某荣是否对王某学家承包的土地享有承包经营权的法律依据。此时王某荣的户口已经迁入设区的市，成为城市居民，因此不应再享有农村土地承包经营权。当地第二轮土地承包仍依照《土地承包法》第十五条之规定，以本集体经济组织的农户为单位。延包的含义是只丈量土地，不进行调整。符合增人不增地、减人不减地的政策。王某荣此时已不是王某学家庭成员，在二轮土地延包中不享有土地承包经营权。第二，《农村土地承包经营权证》是民事案件中认定当事人是否具有农村土地承包经营权的重要依据。

王某学起诉是因为洮北区农村土地承包仲裁委员会作出的裁决，确认王某荣在其家庭承包的土地中享有 0.964 亩土地承包经营权。该裁决书中有如不服裁决，可在 30 日内向法院起诉的内容。因此，法院应当受理此案并作出判决。另外，王某荣并未请求当地村委会另行向其发包土地，而是主张在王某学一家承包的土地中，享有 1.08 亩承包经营权。故对于上述发生在平等主体之间的民事权益之争，不应通过行政诉讼解决。最高人民法院判决撤销了吉林高院的再审判决和白城市中级人民法院民事判决，维持白城市中级人民法院的二审判决。

【典型意义】

从吉林省三级法院的四个裁判结果看，部分法院对是否应当受理当事人以其在他人承包的土地中享有承包经营权为由提起的民事诉讼以及是否可以在一定条件下对某个自然人是否具有某个农村集体经济组织成员资格作出认定的问题，认识不一。本案明确了法院在审理此类案件中，应当比照《农村土地承包法》第二十六条第三款之规定，在认定当事人是否具有某个农村集体经济组织成员资格的基础上对其是否享有农村土地承包经营权问题作出裁决，因而具有一定指导意义。

## 邢某芝诉殷某刚占有物返还案

《最高人民法院公布49起婚姻家庭纠纷典型案例》第30号

2015年12月4日

**【基本案情】**

原告邢某芝与案外人殷某田系夫妻关系。婚后，案外人殷某田于1980年12月7日购买了坐落于丹东市振兴区浪头镇文安村徐家屯村民组建筑面积为55平方米的砖石结构三间房屋（房产证编号为振农房字第159号）。1985年5月9日，殷某田死亡。涉案房屋由邢某芝与殷某田之子殷某金暂时居住。2012年1月23日，殷某金死亡。同年，殷某金之子殷某刚在未经原告同意的情况下，搬到涉案房屋居住。原告诉至法院，要求被告腾退涉案房屋。

**【裁判结果】**

法院审理后认为，涉案房屋系原告邢某芝与案外人殷某田婚后购买，应视为夫妻共同财产。案外人殷某田死亡后，原告作为共有人享有对该房屋占有使用的权利。现被告殷某刚未经原告同意，即占有使用该房屋，侵害了原告的合法权益，应当承担相应的民事责任。故对原告要求被告立即倒出并返还涉案房屋的诉讼主张，本院予以支持。关于被告提出的涉案房屋已由案外人殷某田卖给其父殷某金的辩论意见，因涉案房屋系原告与案外人殷某田夫妻共同共有，殷某田在未经原告同意及事后追认的情况下，单方处置该房屋的行为应为无效，且被告提供的房屋买卖协议书的日期与案外人殷某田死亡日期明显存在矛盾，与事实不符，故对该意见，本院不予采纳。关于被告提出其对涉案房屋享有继承权的辩论意见，虽在案外人殷某田死亡后，属于殷某田的房屋产权份额发生继承，但被告殷某刚仅享有继承权，并未实际取得对涉案房屋占有使用的权利，故对该辩论意见，本院亦不予采纳。对于被告提出的对涉案房屋享有继承份额，被告可另案主张该权利，本案不一并处理。依据《民事诉讼法》第六十四条第一款、《民法通则》第五条、《物权法》第二百四十五条第一款之规定，判决：被告殷某刚于判决生效后立即倒出坐落于丹东市振兴区浪头镇文安村徐家屯村民组建筑面积为55平方米的砖石结构三间房屋（房产证编号为振农房字第159号），并返还给原告邢某芝。

**【典型意义】**

随着我国社会主义经济的发展，《物权法》对公民的保护显得尤为重大。本案虽是占有物返还纠纷，但涉及的问题主要在于占有回复请求权的构成。占有回复请求权，指占有被侵夺的，占有人有权请求侵夺人及其继受人回复其占有，返还占有物。构成要件有四：（1）占有被侵夺。侵夺，指违背占有人的意思，以法律禁止的私力剥夺占有；（2）请求权人须为占有被剥夺的占有人。（3）被请求人为占有的侵夺人及其继受人。须注意两点：侵夺人须仍为现在占有之人。否则，若侵夺人不再是现在占有之人，则对侵夺人无占有回复请求权。（4）须自侵夺之日起一年内行使（一年期满未行使的，占有回复请求权消灭）。占有回复请求权使得占有脱离本权获得独立保护，其法律意旨有三：（1）通过保护占有，保护占有背后（以占有为内容的）物权；（2）通过保护占有，保护占有背后的债权（因债权人不能享有物权请求权）；（3）维护社会和谐即物的归属秩序，禁止任何人以法律禁止的私人力量擅自剥夺他人的占有。公民的合法的民事权益受法律保护，任何组织和个人不得侵犯。占有的不动产被侵占的，占有人有权请求返还原物。

# 刘某诉刘某某、周某某共有房屋分割案

《最高人民法院公布10起弘扬社会主义核心价值观典型案例》第1号

2016年3月8日

**【基本案情】**

原告刘某系两被告的独生女。2012年11月，原、被告共同购买重庆市某小区的房屋一套，大部分房款由两被告支付，双方就房屋产权约定原告占90%份额，两被告各占5%份额。该房是两被告的唯一居住房屋。后原、被告双方因房屋装修产生矛盾，原告向法院提起诉讼，请求判决将两被告所占房屋产权份额转让给原告所有，原告补偿两被告房屋款2.8万元。被告认为该房屋主要是自己出资购买，不同意向原告转让产权份额。人民法院经审理认为，虽然本案诉争房屋系原告和两被告按份共有，并约定原告占房屋产权90%的份额，但两被告与原告系父母子女关系，双方以居住为目的购房，两被告支付了大部分房款，并出于对子女的疼爱，将90%产权登记在原告名下。现原告要求被告转让产权份额，但被告不同意。依《物权法》第七条之规定，原告要求父母将所占房屋份额转让于己的诉求与善良风俗、传统美德不符，依法不予支持。

**【典型意义】**

**弘扬的价值：家庭美德**

孝敬父母，是中国社会传承几千年的重要家庭伦理道德。父母为子女含辛茹苦，将子女培养成人，子女长大后理应善待父母，为他们营造安定的生活环境。本案中，父母为购房支付了大部分房款，并从子女利益考虑，让女儿占有房屋产权90%的份额，但作为女儿，原告刘某却意图将父母占有的份额转让给自己，从而占有房屋的全部份额，损害了父母的利益，人民法院依法不予支持。

# 李某某与李某玉排除妨害纠纷案

《最高人民法院公布10起残疾人权益保障典型案例》第6号

2016年5月14日

【基本案情】

案涉房屋内居住有原告李某某、林某某，被告李某玉及其丈夫。李某某、林某某系再婚夫妻，李某玉系李某某与前妻之女。被告李某玉及其丈夫均为聋哑人。李某某的前妻田某某于2004年9月16日去世，继承结束后，案涉房屋归李某某所有。李某玉与其丈夫在经李某某与其前妻田某某同意下自行出资在案涉房屋内搭建一处平台，并自1999年起一直居住于诉争平台内。现二原告李某某、林某某起诉要求李某玉及其丈夫搬离案涉房屋平台。人民法院认为，原告李某某作为被告李某玉的父亲，具有法定的关心帮助被告李某玉的义务，其要求被告搬离案涉房屋，违背了社会公德和公序良俗，也违反了法律规定的人道主义精神和亲属间的帮助义务，故李某某的诉讼请求依法应予驳回。而原告林某某不是涉案房屋的所有权人，其无权要求被告搬离诉争平台，对其诉讼请求依法亦应予驳回。据此，法院判决驳回了原告李某某、林某某的诉讼请求。

【典型意义】

**依法切实保障残疾人居住权**

如何将残疾人保障法中对残疾人权益保护的指导原则和要求落到实处，是残疾人权益保护审判实践中需要重点予以关注的问题。在切实保障残疾人权益，支持残疾人事业，增强残疾人自立能力的具体司法实践中，切实依法加大残疾人居住权利的保护，是解决残疾人工作、生活的基本问题，也是具体落实残疾人权益保护的具体举措。

# 孙某贤等三人与玄某军探矿权权属纠纷案

*《最高人民法院发布十起审理矿业权民事纠纷案件典型案例》第1号*

2016年7月12日

**【基本案情】**

孙某贤等三人于2004年投资承包奈曼旗青龙山镇向阳所村林地，承包期15年，用于开发铁矿。孙某贤等三人委托玄某军办理勘查许可证，并将委托勘查合同书、林地承包合同书、存款证明、探矿权申请登记书等相关资料及办证资金114万元交付玄某军。2005年12月28日，经内蒙古自治区国土资源厅批准，通辽市国土资源局对奈曼旗青龙山向阳所一带铁矿普查探矿权实行挂牌出让，并予以公告。玄某军将办证资料上孙某贤的名字篡改成自己的名字，并私刻“辽宁省第四地质大队”的公章伪造勘查合同，用孙某贤等三人交给他的办证资金，以奈曼旗北方建筑公司（该公司法定代表人为玄某军）名义竞标，将勘查许可证办至玄某军自己名下；2006年2月13日，内蒙古自治区国土资源厅向玄某军颁发了《矿产资源勘查许可证》。孙某贤等三人提起诉讼，请求：确认案涉《矿产资源勘查许可证》归孙某贤等三人所有。

**【裁判结果】**

内蒙古自治区通辽市中级人民法院一审认为，玄某军利用孙某贤等三人提供的资金及办证所需资料，篡改名头、制作虚假申报材料，以欺骗手段取得勘查许可证，侵犯了孙某贤等三人的探矿申请权，遂判决案涉《矿产资源勘查许可证》上设立的探矿权为孙某贤等三人所有。内蒙古自治区高级人民法院二审认为，孙某贤等三人主张玄某军采取伪造资料等方式取得案涉勘查许可权，其应向国土资源主管部门反映情况，由主管部门查清事实后采取措施，也可以依法向人民法院提起行政诉讼，请求撤销玄某军取得的勘查许可证。孙某贤等三人提起的诉讼，不属于民事诉讼范围。二审法院裁定撤销一审判决，驳回孙某贤等三人的起诉。最高人民法院经再审审查认为，探矿权的取得须经国土资源主管部门的许可，此种行政许可具有赋权性质，属行政机关管理职能。在探矿权须经行政许可方能设立、变更或者撤销的情况下，孙某贤等三人请求确认《矿产资源勘查许可证》归其所有，不符合法律规定的民事诉讼受案范围，二审法院裁定驳回起诉，并无不当。

**【典型意义】**

矿业权兼具民事物权属性和行政许可特性。矿业权的权利行使和救济关涉行政权和司法权的职责分工。探矿权的取得须经国土资源主管部门许可，《矿产资源勘查许可证》的登记、变更等属于国土资源主管部门的行政管理职能。委托人委托他人办理勘查许可证，受托人未忠实履行受托义务，采取欺诈的手段，将勘查许可证办理在自己名下，委托人直接提起民事诉讼，请求确认勘查许可证归其所有，是权利救济渠道的不当选择，人民法院裁定驳回起诉是对行政机关行政管理职能的尊重，准确把握了司法权介入的法定边界。本案情形下，委托人可以利害关系人身份向国土资源主管部门提出撤销申请，并请求对探矿权的归属依法作出处理；也可以依法提起行政诉讼，请求人民法院对国土资源主管部门的具体行政行为进行审查；还可以依据合同向受托人主张违约责任或者民事损害赔偿，实现权利被侵害后的法律救济。

**【点评专家】**

李显冬，中国政法大学民商经济法学院教授、博士生导师。

**【点评意见】**

矿业权为我国物权法明定之民事权利，但其设立离不开国土资源主管部门的许可。从行政法律关系分析，案涉授予探矿权的行政许可行为尽管有瑕疵，但依据矿业权登记的公信力和具体行政行为的公定力原理，行政机关的赋权行为既已作出，在该行政许可行为经由行政机关自行审查纠正或者经由行政诉讼司法审查纠正之前，人民法院不宜在民事诉讼中直接认为勘查许可证无效。换言之，有权作出矿产资源勘查开发行政许可的主体为国土资源主管部门，人民法院不能直接以民事审判之司法权干涉国土资源主管部门行使行政职能。从民事法律关系分析，委托人委托他人办理矿业权的申请事宜，受托人未忠实履行受托义务，存在欺诈行为，委托人可依委托合同的约定追究受托人的违约责任。

本案涉及行政许可和民事委托申请双重法律关系，当事人可以选择不同的权利救济方式。但值得注意的是，民事诉讼仅可解决矿业权设定基础的民事法律纠纷，不能解决矿业权设定过程中行政行为的法律效力问题。已经取得的勘查许可证非经依法撤销或者行政审判，人民法院不能以民事判决直接变动行政许可赋权行为。故本案当事人直接提起民事诉讼，请求确认案涉矿产资源勘查许可证归属，要求更改矿业权主体，系权利救济渠道的选择不当。人民法院驳回起诉，让当事人选择最适宜的方式来维护自己的合法权益，既是对行政机关监督管理职能的尊重，也准确把握了司法权介入的法定边界，为司法实务中如何处理矿业权设立环节的物权归属问题，起到了良好的示范作用。

## 傅某其与仙游县社硎乡人民政府采矿权纠纷案

《最高人民法院发布十起审理矿业权民事纠纷案件典型案例》第2号

2016年7月12日

**【基本案情】**

2003年1月16日，社硎乡政府与傅某其签订合同，约定由傅某其开发仙游县社硎乡塔林顶伊利石矿山。合同签订后，傅某其依约投资道路等设施并实施探矿行为。2005年1月24日，仙游县政府批准挂牌出让案涉矿山采矿权。2007年7月，仙游县政府将案涉矿山列入禁采范围。傅某其未能依法取得案涉矿山的采矿许可证。傅某其提起诉讼，请求社硎乡政府赔偿损失，并支付投资款的资金占用期间利息。

**【裁判结果】**

福建省莆田市中级人民法院一审查明傅某其实际投资款153.3561万

元，判令社硎乡政府承担50%的赔偿责任。福建省高级人民法院二审认为，社硎乡政府明知自己无权出让辖区内矿产资源，未经有权机关审批以签订承包合同的方式将案涉矿山交由傅某其开发，所签合同应为无效。案涉矿山已被列为禁采区，不具备办理合法审批手续的可能，由此产生的法律后果应依傅某其投入资产性质分类处理，其中押金属于社硎乡政府因合同收取的保证金，应直接返还；所修公路位于社硎乡政府辖区范围，属于其获益部分，应按照实际支出折价补偿；其余投资属于履行合同受到的损失，应按照过错比例承担民事赔偿责任。遂判令社硎乡政府返还傅某其押金和修路支出费用共计67.0712万元，对傅某其86.2849万元投资损失承担80%的赔偿责任。

**【典型意义】**

矿产资源归国家所有，国家对矿产资源的勘查、开采实施严格的许可证管理制度。矿业权的出让应由县级以上国土资源主管部门根据法定权限依法进行，乡级政府并非适格的矿业权出让主体。在不拥有矿山勘查、采矿许可证的情况下，乡级政府签订合同擅自将国家所有的矿产资源交由他人勘查、开采，不仅严重侵害国家对矿产资源的所有权，造成矿业权税费流失，而且极易造成矿产资源的乱采滥挖，甚至导致环境污染、生态破坏。对此类合同应给予否定性法律评价。人民法院应在认定合同无效的前提下，区别返还财产和赔偿损失等不同责任方式，在维护矿产资源国家所有权的同时，综合考虑过错因素，保护当事人的合法利益和矿业权流转市场的交易秩序。

**【点评专家】**

李显冬，中国政法大学民商经济法学院教授、博士生导师。

**【点评意见】**

矿业权尽管作为民事权利，却仍具有矿产资源的开发管理秩序与生态环境保护的经济管制等特点。依据矿产资源法的规定，矿业权出让主体应为县级以上国土资源主管部门。乡政府擅自出让矿业权违反法律、行政法规的强制性规定，无法产生当事人预期的法律效果。乡级政府作为行政主体，应当在权限范围内作出行政行为。具体行政行为应当具有公定力，一经成立，不论是否合法，即具有被推定为合法而要求所有机关、组织或者个人表示尊重的一种法律效力。相对人因对行政行为的合理信赖应当予以保护。

关于案涉合同被赋予否定性法律评价后法律后果的承担问题，二审法院改变一审法院关于双方过失相当的判决，认为政府一方应当承担主要的过错责任，正确揭示了本案政府违法行政行为与合同无效之间的因果关系，充分保护了因信赖政府行为而遭受损害的合同相对方的利益。既切实保障了国家利益和公共利益，又突出了现代矿业行政管理之中，政府“依法行政、越权无效”的基本理念，对实践中大量存在的不规范的矿业权出让、转让的乱象，无疑具有规制意义。

## 某村民委员会诉郑某某等 12 人返还原物纠纷案

《最高人民法院发布十起关于弘扬社会主义核心价值观典型案例》第 1 号

2016 年 8 月 22 日

**【基本案情】**

被告郑某某等系北京市房山区某村村民。2009 年，北京市房山区某村为推进新农村建设，决定启动整建制搬迁工程。2009 年 6 月 22 日，经全村户代表大会表决通过《某村整建制搬迁工程实施方案》，并签署了《某村户代表大会决议》。2010 年 3 月，搬迁工程开始动工，被告郑某某系第一期搬迁村民，按照实施方案，被告郑某某家旧宅将被拆除，并可在规划区内分配新房。2011 年 10 月 6 日，某村村民代表大会通过了《关于新房分配相关事宜的决议》，依据被告郑某某等 12 人的申请，某村村民委员会为被告郑某某等 12 人分配了住房。因对村集体后续搬迁分房政策不满，被告郑某某等 12 人在搬进依据《关于新房分配相关事宜的决议》应分得的房屋后，将某村村内小区未分配 12 套住房换锁，并占为已有。2013年12月27日，原告北京市房山区某村村民委员会诉至人民法院，请求人民法院依法判令郑某某等12名被告返还村集体房屋。

郑某某等12名被告则认为：不同意返还房屋，12名被告确实按《某村整建制搬迁工程实施方案》分配到了新房，12名被告是第一期，但后来村委会没有严格按照方案执行，在第二期、第三期搬迁过程中存在分房不公的现象。例如一部分人可以在自己的宅基地上建房，不在搬迁规划区居住，甚至盖平房；一部分人分配新房面积超标；有些人不交个人负担部分费用也可入住；一些人户口早已迁出本村的，在搬迁过程中将户口迁回也可以分房；部分村干部存在违反实施方案的情况，违规建房，多占面积。

**【裁判结果】**

法院生效裁判认为：无权占有不动产或者动产的，权利人可以请求返还原物。本案诉争的位于北京市房山区某村村内小区的房屋属某村整建制搬迁工程中未分配住房，其所有权应归属村集体所有，郑某某等12名被告未经法定程序私自占有，实属不当，某村村民委员会要求返还该房屋的诉讼请求，于法有据，应予以支持。12名被告认为原告北京市房山区某村村民委员会在执行拆迁政策过程中有不公正现象以及部分村干部存在违规多占问题，应通过正当渠道予以反映、解决，本院亦将案件审理过程中村民反映的问题，正式函告北京市房山区霞云岭乡政府，促请乡政府予以调查、核实并争取妥善解决。

法院于2014年12月4日作出判决：被告郑某某等12人于判决生效后十日内将北京市房山区某村村内小区的未分配房屋返还原告北京市房山区某村村民委员会。宣判后，双方均未提出上诉，该判决现已生效。

**【典型意义】**

**诚实守法**

本案在于教育、警示新农村建设中的违法行为人，保障新农村建设的正常进行。在新农村建设中，一些法律意识淡薄且存有侥幸心理的农村村民，无视、漠视法律、法规、规章及村规民约，妄图以违法行为获取非法或不当利益，且行为往往具有集团性，对新农村建设危害极大。本案以判决的方式，昭示了在新农村建设当中应当遵循的契约精神，打击了新农村建设中违法侵占行为和违约失信行为，破除了新农村建设的障碍，维护了新农村建设秩序，保障了新农村建设的顺利推进。

## 孟某、李某福诉云南铜业房地产开发有限公司相邻采光、日照纠纷案

《2019年度人民法院环境资源典型案例》第十一号

2020年5月8日

**【基本案情】**

孟某、李某福系案涉房屋的共有权人。云南铜业房地产开发有限公司（以下简称铜业公司）于2011年8月取得案涉地块土地使用权，在该地块上建设楼盘。孟某、李某福诉至法院，请求铜业公司赔偿因建盖楼盘，侵害其通风、采光、日照时间而造成的损失。一审审理中，经鉴定确认，案涉建设行为对鉴定对象通风无影响；对日照、采光有影响，该影响不符合《城市居住区规划设计规范》（GBJ50180-93）、《住宅设计规范》（GB50096-2011）、《民用建筑设计通则》（GB50352-2005）和《昆明市城乡规划管理技术规定》（2016版）的要求。

**【裁判结果】**

云南省昆明市盘龙区人民法院一审认为，在建筑物相邻关系制度中，判断是否构成采光、日照妨碍，应以是否违反国家有关工程建设标准为依据。鉴定结论显示，案涉建设行为对鉴定对象通风无影响，对鉴定对象采光、日照有影响。一审判决，铜业公司赔偿孟某、李某福采光、日照损失16.50万元；并支付鉴定费5500元。云南省昆明市中级人民法院二审维持原判。

**【典型意义】**

本案系相邻关系中日照、采光侵权纠纷案件。在土地之上建造建筑物，

是土地的所有权人或者使用权人利用土地实现土地效益最为通常的形式，但日照、采光和通风，也是人类需要共同分享的资源。我国《物权法》中规定，建造建筑物，不得违反国家有关工程建设标准，妨碍相邻建筑物的通风、采光和日照。本案判决按照鉴定结论，以是否违反国家有关工程建设标准为判断依据，认定铜业公司的日照、采光、通风妨碍行为是否超出必要容忍限度，符合法律规定和有利生产、方便生活、团结互助、公平合理原则，有助于相邻不动产权利人之间的利益平衡，促进社会和谐安宁。

## 中国生物多样性保护与绿色发展基金会诉贵州宏德置业有限公司相邻通行权纠纷案

《2019 年度人民法院环境资源典型案例》第三十二号

2020 年 5 月 8 日

**【基本案情】**

贵州宏德置业有限公司（以下简称宏德公司）修建乐湾国际房开项目，项目配套建设高尔夫球场。该球场沿当地一条自然河流两岸建设，将河流圈入球场范围，且将球场周边封堵，妨碍当地群众生活自由通行及沿河游览观赏。绿发会提起环境民事公益诉讼，请求宏德公司立即停止侵害，消除危险，排除妨碍并赔礼道歉。本案审理过程中，宏德公司拆除了案涉区域围栏，委托第三方机构编制了《贵阳市乐湾国际开放空间规划》，对整个片区进行了统一规划，规划方案设计了公众自由通行通道，能够沿河观赏。

**【裁判结果】**

经贵州省清镇市人民法院主持调解，双方达成如下和解协议：绿发会尊重行政机关的处理意见，同意德宏公司按照行政机关要求完成整改；德宏公司按照行政机关审批的规划进行整改，保证案涉区域成为开放的公共空间。同时邀请绿发会或第三方组织对上述整改情况进行监督；绿发会放弃要求德宏公司在国家级媒体向全社会公开赔礼道歉的诉讼请求；德宏公司自愿承担绿发会因本次诉讼支出的差旅费、专家费、调查费、律师费等合理费用合计26万元；德宏公司自愿承担本案受理费5200元。上述调解协议已经依法公示、确认。

**【典型意义】**

本案系建设项目影响公众通行、游览、观赏等环境权益引发的民事公益诉讼案件。案涉项目系贵州省重点招商引资项目，在项目建设过程中虽存在不规范行为，但未构成根本性违法。人民法院组织双方达成和解协议，在力促建设单位进行整改保障公众环境权益的同时，利用环境司法手段保护营商环境，在企业经济发展和生态环境保护之间实现利益衡平，为改善投资环境、推动经济高质量发展发挥了积极作用。本案的受理，解决了对侵占公共资源的司法救济路径，保护了公众享受美好生活环境的权益，为环境公益诉讼范围的扩展提供了鲜活的司法案例。

## 唐某三人诉俞某某返还原物纠纷案

《人民法院老年人权益保护十大典型案例》案例一

2021 年 2 月 24 日

**关键词：**居住权保护；老有所居

**【基本案情】**

案涉房屋原系唐某三人的父亲唐某某与母亲韩某某的夫妻共同财产。2007 年，韩某某去世。2008 年，唐某三人通过继承遗产及唐某某的房屋产权赠与，取得案涉房屋所有权，并出具承诺书，承诺：父亲唐某某及其续弦未离世前，有终身无偿居住该房屋的权利，但此房只能由唐某某及其续弦居住，其无权处置（出租、出售、出借等），唐某三人无权自行处置该房产。后俞某某与唐某某登记结婚，共同居住案涉房屋。2016 年 1 月，唐某某去世，64 岁的俞某某仍居住在内。同年 6 月，唐某离婚，其以无房居住为由要求入住该房屋，遭俞某某拒绝。唐某三人提起本案诉讼，要求判令俞某某立即返还唐某三人名下的案涉房屋。

**【裁判结果】**

安徽省合肥市庐阳区人民法院认为，唐某三人在取得案涉房屋所有权时作出的承诺系其真实意思表示，且不违反法律强制性规定，俞某某依据该承诺享有继续在案涉房屋居住的权利，唐某三人应按承诺履行其义务。同时，俞某某不存在违反承诺书中对案涉房屋出租、出售、出借的行为，故对唐某三人要求俞某某立即返还其名下案涉房屋的请求，不予支持，判决驳回唐某三人的诉讼请求。

**【典型意义】**

物权人将房产赠与他人，受赠人承诺允许赠与人及其再婚配偶继续居住使用房屋至去世。在现行法律规定下，该承诺应视为赠与人作出赠与房产时所附的赠与义务，或称之为附条件的赠与。在房产已经转移登记至受赠人后，受赠人无权单方撤销承诺。本案纠纷发生时我国法律并未直接对居住权作出规定，在此情况下，应充分尊重当事人的意思自治。本案的裁判结果不仅符合情理，也与新颁布实施的《民法典》关于居住权规定的相关精神一致，即不动产过户后，原物权人继续使用不动产，该种保留房屋居住使用权的赠与，可视为设立居住权的合同，新产权人亦无权单方撤销该合同。这一审判思路贯彻了党的十九大提出的加快建立多主体供给多渠道保障住房制度的要求，有利于解决老年人赡养、婚姻家庭生活中涉及的房产问题，保障老有所居，切实保护老年人的权益。

## 邱某光与董某军居住权执行案

人民法院贯彻实施民法典典型案例（第一批）第5号

2022年2月25日

**【基本案情】**

邱某光与董某峰于2006年登记结婚，双方均系再婚，婚后未生育子女，董某军系董某峰之弟。董某峰于2016年3月去世，生前写下遗嘱，其内容为："我名下位于洪山区珞狮路某房遗赠给我弟弟董某军，在我丈夫邱某光没再婚前拥有居住权，此房是我毕生心血，不许分割、不许转让、不许卖出……"董某峰离世后，董某军等人与邱某光发生遗嘱继承纠纷并诉至法院。法院判决被继承人董某峰名下位于武汉市洪山区珞狮路某房所有权归董某军享有，邱某光在其再婚前享有该房屋的居住使用权。判决生效后，邱某光一直居住在该房屋内。2021年初，邱某光发现所住房屋被董某军挂在某房产中介出售，其担心房屋出售后自己被赶出家门，遂向法院申请居住权强制执行。

**【裁判结果】**

生效裁判认为，案涉房屋虽为董某军所有，但是董某峰通过遗嘱方式使得邱某光享有案涉房屋的居住使用权。执行法院遂依照民法典第三百六十八条等关于居住权的规定，裁定将董某军所有的案涉房屋的居住权登记在邱某光名下。

**【民法典条文指引】**

《民法典》第三百六十八条居住权无偿设立，但是当事人另有约定的除外。设立居住权的，应当向登记机构申请居住权登记。居住权自登记时设立。

**【典型意义】**

《民法典》物权编正式确立了居住权制度，有利于更好地保障弱势群体的居住生存权益，对平衡房屋所有权人和居住权人的利益具有重要制度价值。本案申请执行人作为丧偶独居老人，其对案涉房屋的居住使用权益取得于《民法典》实施之前，执行法院依照《民法典》规定的居住权登记制度，向不动产登记机构发出协助执行通知书，为申请执行人办理了居住权登记，最大限度地保障了申请执行人既有的房屋居住使用权利，对于引导当事人尊重法院判决，推动《民法典》有关居住权制度的新规则真正惠及人民群众，具有积极的示范意义。